버리는 용기 **100**

SUTERU YUKI 100
© HIROYUKI KOBAYASHI 2024

Originally published in Japan in 2024 by TAKARAJIMASHA, Inc.
Korean translation rights arranged with TAKARAJIMASHA, Inc.
through TOHAN CORPORATION, TOKYO, and EntersKorea Co., Ltd., SEOUL.

고바야시 히로유키 지음
이지현 옮김

버리는 용기 100

일본 최고 전문의가 전하는
건강수명, 뒤엉킨 사고, 인간관계 정리 습관

더페이지

들어가며
버리고 시작하는 새로운 인생!

우리는 매일 수많은 정보와 물건에 둘러싸여 살아갑니다. 풍요롭고 편리한 시대이지요. 그런데 이런 것들을 정리하지 못한 채 쌓아두기만 하면 어떻게 될까요? 우리의 몸과 마음은 적지 않은 타격을 입게 될 것입니다.

일단 정리되지 않은 방에서 필요한 물건을 찾느라 애를 먹습니다. 게다가 시간도 낭비합니다. 여기에 스트레스는 덤으로 따라오지요. 이는 물건에만 해당되는 것이 아닙니다. 인간관계도 똑같습니다. 주책없이 인맥을 너무 넓혀놔서 마음에 들지 않은 사람까지 만나야 합니다. 아마도 누구에게나 이런 경험이 있을 것입니다.
이처럼 자기도 모르는 사이에 늘어난 물건이나 인간관계를 과감하게 '버리겠다', '정리하겠다'는 결심을 하지 않으면 우리 몸을 관장하는 자율신경의 균형은 깨지고 몸의 상태는 급격히 나빠지고 맙니다.

주변을 둘러보면 '물건을 버리기 어렵다'며 고민하는 사람이 많습니다. 아마도 '버린다'에 대한 부정적인 이미지 때문일 것입니다. 멀쩡한 걸 버린다는 죄책감, 인간관계를 과감히 끊는 데서 오는 몰인정함도 느끼지요. 물론 '버린다'는 '잃는다', '손에서 놓는다', '사라진다' 등의 측면이 있습니다. 하지만 저는 이와 동시에 '뭔가를 얻기 위한 행동'일 수도 있다고 생각합니다.

일단 물건을 버리고 정리하면 쾌적한 공간과 여유가 생깁니다. 스트레스와 짜증으로 힘겨웠던 인간관계를 정리하면 마음이 잘 맞는 매력적인 사람과 만날 수 있습니다. 버리기 시작하면 그런 기회가 문득문득 찾아옵니다. 그러므로 과감하게 '버리는 용기'를 내어 보세요.

이 책에서는 '버리는 용기'를 기르기 위한 100가지 방법을 소개합니다. 제가 책에서 강조하는 것은 '버리는 행동'으로 자율신경을 관리하는 방법입니다. 자율신경의 균형을 잡아주기만 해도 우리는 보다 편안해진 행복한 삶을 살 수 있습니다. 독자 여러분의 '버린다'에 대한 부정적인 이미지가 바뀌고, 행복이 넘치는 나날을 보낼 수 있기를 소망합니다.

고바야시 히로유키

'자율신경'이란 무엇일까?

액셀과 브레이크의 균형이 우리의 몸과 마음을 좌우한다

자율신경의 균형을 바로잡아 주는 '버리는 용기'에 대해서 설명하기 전에 '자율신경이 무엇인지'에 대해서 간략하게 소개하겠습니다.

우리는 매일 자신의 의지로 몸을 움직이며 생활합니다. 하지만 신체 장기나 혈관 등은 자신의 의지로 움직일 수 없습니다. 이처럼 '자신의 의지로 움직일 수 없는 부분을 통제하는 것'이 바로 자율신경의 역할입니다.
자율신경은 우리가 의식하지 않아도 생명 유지에 필수적인 신체 기능을 자동으로 조절해 줍니다.

자율신경에는 '교감신경'과 '부교감신경'이 있습니다. 이 두 가지는 자동차의 '액셀'과 '브레이크'에 비유할 수 있습니다. 운동을 하거나 흥분되었을 때는 교감신경이, 반대로 편안한 상태일 때는 부교감신경이 활성화됩니다.

이와 같이 길항작용(상반되는 두 가지 요인이 동시에 작용하여 그 효과를 상쇄시키는 작용_역자)을 하는 자율신경의 균형이 깨지면 밤에 잠을 설치거나, 반대로 하루 종일 머리가 무거운 등 평소와 다른 이상 증상이 나타납니다.
자율신경의 특징을 알고 균형을 바로잡는 방법을 실천하면 우리의 몸과 마음은 금세 좋아집니다. 그 열쇠가 바로 이 책에서 소개하는 '버리는 용기'입니다.

체내 기능을 관장하는 신경계

자율신경

혈관이나 장기 등 '인간이 자신의 의지로
움직일 수 없는 부분'을 통제하는 역할을 한다

교감신경

자동차의 액셀에 해당한다
운동이나 긴장, 흥분 등에
따라서 활성화된다.

부교감신경

자동차의 브레이크에 해당한다
편안한 상태일 때 활성화된다

하루 동안의 자율신경 사이클

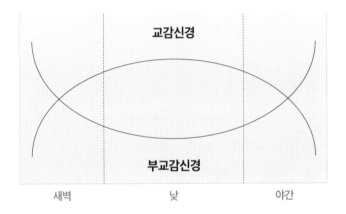

활발하게 움직이는 낮에는 교감신경이 우세하고
저녁부터 밤까지 편안한 상태로 전환하면 부교감신경이 높아진다

차례

1장 주변 물건을 버린다

2장 생활 습관을 버린다

3장 기존의 사고방식과 버릇을 버린다

4장 식사에 대한 상식을 버린다

5장 인간관계를 버린다

'불필요한 선택'을 초래하는

우리의 일상 중 스트레스로 다가오는 행동이 몇 가지 있습니다. 그중 강력한 하나는 '뭔가를 선택한다'는 것입니다. '뭔가를 선택' 해야 하는 상황은 자율신경의 균형을 깨뜨리고 심신을 불안하게 만듭니다.

그런데 '인생은 선택의 연속'입니다. 일상에서 중요하든 사소하든 하나의 결정을 내려야 하는 순간은 언제든 찾아옵니다. 오늘 무슨 옷을 입을지, 점심은 무엇을 먹을지, 저녁 반찬은 무엇으로 할지, 다음 달 진행할 프로젝트는 누구와 해야 할지. 수많은 선택은 늘 우리를 불안하게, 초조하게, 불안정하게 만듭니다. 그렇기에 자신의 힘으로 통제할 수 있는 부분에 한해서 되도록 선택하지 않아도 되는 환경을 만드는 것이 중요합니다.

제가 추천하는 방법은 '옷장 정리'입니다. 옷장을 열어 보면 너무나도 많은 옷이 걸려 있습니다. 그 많은 옷 중에 오늘은 무얼 입고 갈지 선택하는 것도 어떤 땐 짜증을 유발합니다. 많은 옷 중에서 입을 옷이 없어 보이는 느낌이 들기도 하죠.

이럴 때는 오히려 필요 없는 옷을 버리고 스트레스를 받지 않는 깔끔한 상태를 유지하는 것이 필요합니다. '이걸 입을까? 저걸 입을

물건은 모두 버려라

까?' 갈팡질팡 고민하게 만드는 옷이나 오랫동안 먼지만 쌓인 넥타이, 녹이 슬 듯 누렇게 변해 있는 장신구 등을 모두 버리세요. 만일 버리기 아깝다면 다른 사람에게 물려주거나 기부하는 등 옷장에서 필요 없는 것을 모두 비워내세요.

이렇게 옷장을 정리하면 '선택 상황'이 초래하는 스트레스를 줄일 수 있는 것은 물론, 또 다른 장점이 있습니다. 기분이 좋을 때는 옷장 안이 다소 지저분해도 괜찮지만 그러지 않을 때는 다릅니다. 옷장 문을 열었더니 옷이 여기저기에 아무렇게나 쑤셔 박혀있다고 생각해 보세요. 보는 것만으로도 짜증이 나고 어디서부터 정리해야 할지 안절부절못할 것입니다.

또한 중요한 프레젠테이션 전날이나 시험이 코앞일 때 등 신경이 예민한 상황에서 그런 옷장을 본다면 자율신경의 균형은 단숨에 와르르 무너져 내릴 것입니다.

이런 상황과 마주하고 싶지 않다면 미리 자신의 주변을 정리하고 버리는 등 스트레스를 초래하는 요소를 줄이는 것이 중요합니다.

♡ 지키는 용기 하나 ♡
신변의 선택지를 최대한 줄여 쾌적한 환경을 지켜라

직장에서 쓰는 물건은

물건은 아무리 정리해도 계속 늘어나기 마련입니다. 지금 책상에 앉아 있다면 주변을 한번 둘러보세요. 아마 쓸데없이 쌓아둔 A4 용지, 모아둔 메모 용지, 어디 갔는지 안 보일 때마다 사두거나 빌려온 가위며 스카치테이프, 볼펜들이 수두룩할 겁니다.

이처럼 업무에 필요한 자료나 문헌, 서적, 정보, 비품 등은 일하다 보면 자기도 모르는 사이에 야금야금 늘어납니다. 직장에서 쓰는 물건 중에 처분해도 큰 지장이 없는 것은 6개월 주기로 정리해 보세요. 항상 깔끔한 상태를 유지하는 간소한 직장 생활을 누릴 수 있습니다.

물건을 버리고 정리하는 행위는 필요 없어지고 오래된 물건을 줄일 수 있고, 새로운 물건으로 교체, 순환되어 스트레스를 줄이는 데 큰 도움이 됩니다. 스트레스를 줄이면 자율신경이 제 기능을 되찾아 심신의 안정은 물론 업무 능률까지 향상되는 일거양득의 효과를 얻을 수 있습니다.

또한 낡거나 오래된 물건이 새 물건으로 교체되는 선순환을 만드는 직장 생활은 항상 '신진대사'를 원활하게 유지시킵니다. 마치 우리가 몸에 불필요한 것, 즉 노폐물을 배출하는 디톡스^{detox}(몸에 쌓

6개월마다 버려라

인 독소를 배출) 과정을 통해서 양질의 새로운 것을 취하는 것과 마찬가지입니다. 이렇게 신진대사가 원활하게 이루어지면 그 직장은 건강한 상태를 유지할 수 있습니다. 그런 환경에서 일한다면 당신의 몸과 마음도 건강해지고 두뇌 회전도 더욱 빨라지겠지요?

직장은 6개월, 가정은 6개월~1년 주기로 물건을 정리하고 버리는 작업을 통해서 신진대사를 높이세요. 다만 처음부터 '싹 다 정리하겠다'라며 무리하는 것은 금물입니다. 정리하고 싶은 구역을 작게 나누어 하루에 20~30분 정도 시간을 정하고 조금씩 시작하세요. 이 작업을 한 달 정도 해 보면 거의 모든 구역을 정리할 수 있습니다.

처음은 누구나 어렵습니다. 하지만 일단 깔끔하게 정리하면 그다음부터는 그리 어렵지 않습니다. 하루에 한 구역씩 정리하는 작업을 반복하다 보면 나름의 요령이 생기고 정리 감각이 조금씩 생길 것이기 때문입니다.

♡ 지키는 용기 둘 ♡
하루에 한 구역씩 정리해 깔끔함을 지켜라

일 년 동안 입은 옷은

인간은 타성에 젖어 살기 쉽습니다. 그런데 일상에 쫓기며 타성에 젖어 살면 자율신경이 제 기능을 잃고 빠른 노화를 초래합니다. 그래서 저는 타성에서 벗어나 자신을 새롭게 다지기 위한 방법으로 옷차림에 새로운 변화를 줄 것을 추천합니다.

'자신을 새롭게 변화시키고 싶다', '자신의 기량을 뽐내고 싶다', '심신의 기능을 향상하고 싶다'는 생각이 들었다면 일단 타성에 젖어 혹은 스트레스로 제 기능을 상실한 자율신경을 회복시켜야 합니다.

이때 가장 효과적인 방법이 바로 '옷 정리'입니다. 옷은 1년을 주기로 정리하는 것이 가장 좋습니다. 한 해를 마무리하거나 시작하는 연말연시와 같이 특정 시기를 정해두고 시도해 보세요.

옷을 정리하는 요령에는 두 가지가 있습니다.

첫 번째 요령은 '1년 동안 입어서 색이 바래졌거나 보풀이 일어서 많이 낡게 된 옷, 유행이 지난 옷들을 정리하는 것'입니다. 매일 정장 차림으로 일하는 사람은 약 정장 세 벌, 와이셔츠 열 장을 1년 동안 입습니다. 그러면 그동안 유행이 지난 정장과 누렇게 때가 탄 와이셔츠를 버리고 같은 수만큼 구입하는 것입니다. 이렇게 하면

과감하게 버려라

앞서 언급했던 '선택하는 수고'를 덜 수 있습니다.

두 번째 요령은 '1년 동안 입지 않았던 옷'을 과감하게 버리는 것입니다. 1년 동안 입지 않았던 옷을 '언젠가 입을지도 모른다'는 생각에 계속해서 보관하는 것은 그야말로 자기 내면의 타성에 젖어 사는 것과 같습니다. 타성에서 벗어나고 싶다면 1년 동안 입지 않았던 옷은 과감하게 버리세요.

자, 이렇게 1년을 주기로 너무 많이 입어 낡아버린 옷과 너무 입지 않아 옷장 구석에 처박힌 옷을 정리하면 새로운 기분으로 또 다른 1년을 보낼 수 있습니다.

♡ 지키는 용기 셋 ♡
일 년에 한 번씩 옷을 정리해 단정한 옷장을 지켜라

양복이나 와이셔츠, 원피스 등 매일 입는 옷과 달리 코트나 패딩, 점퍼 등은 특정 시즌에만 입습니다. 이런 시즌 상품은 '1년 주기로 버리는 사이클'을 적용하지 않아도 괜찮습니다. 다만 2~3년이 지나면 유행이 바뀌므로 2년 주기로 처분할 것을 추천합니다. 모든 계절에 입는 옷은 1년, 특정 시즌에만 입는 옷은 2년 주기로 옷장을 정리해 보세요.

또한 패션 소품도 정기적으로 정리할 필요가 있습니다. 목도리, 장갑 등과 같은 시즌 상품 외에도 스카프, 벨트, 손수건 등 매일 사용하지 않는 아이템도 2년을 주기로 정리합니다.

이렇게 하면 깔끔하고 세련된 옷장을 유지할 수 있습니다. 매일 어떻게 코디할지 고민하거나 일일이 찾아서 갈아입거나 바꾸는 데 드는 수고를 덜 수 있지요.

우리가 받는 스트레스 중 거의 90퍼센트가 '대인관계'에서 비롯된다고 합니다. 그러나 대인관계에서 오는 스트레스는 상대가 있는 문제이기 때문에, 혼자만의 힘으로 쉽게 해소하기 어렵습니다. 대인관계를 끊고 혼자 살고 혼자 업무 처리할 생각이 아니라면, 어쩔

2년 주기로 버려라

수 없는 스트레스입니다. 그렇다면 나머지 10퍼센트의 스트레스를 줄이는 노력이 중요할 것입니다.

나머지 10퍼센트의 스트레스는 거의 '생활환경'에 의한 것입니다. 물건을 줄여서 깔끔하고 쾌적한 환경을 조성하면 스트레스를 줄일 수 있습니다. 필요 없는 양복이나 구두, 패션 소품 등 공간만 차지하는 애물단지로 바뀐 물건들은 매일 우리에게 보이지 않는 스트레스를 줍니다. 버리거나 처분할 때 '아깝다'는 생각에 스트레스를 받을 수도 있지만, 이는 일시적일 뿐입니다. 어차피 옷장을 열어서 사용하는 용품은 늘 똑같습니다. 처음 손이 가지 않는 물건은 아마 몇 년이 지나도 절대 손을 뻗어 꺼내지 않을 겁니다. 그러니 아깝다는 생각을 접고 스트레스의 주범을 깔끔하게 정리합시다.

♡ 지키는 용기 넷 ♡
매일 입는 옷은 1년, 시즌마다 입는 옷은 2년 주기로
정리하는 루틴을 고수하라

필요 없는 양복이나 구두, 패션 소품 등

공간만 차지하는 애물단지로 바뀐 물건들은

매일 우리에게 보이지 않은

스트레스를 줍니다

코디용 소품은

옷장을 정리할 때 옷을 버리는 것보다 더 번거로운 것이 바로 넥타이, 벨트, 안경 같은 코디용 소품입니다. 특히 남성들은 양복은 몇 벌 없더라도 넥타이, 벨트, 구두만큼은 색깔별로 갖춰두는 경우가 많습니다. 그렇게 한두 개씩 사다 보면, 어느새 서랍이나 신발장이 손도 대지 않은 소품들로 가득 차버리곤 합니다.

코디용 소품도 앞에서 언급했듯이 1~2년을 주기로 버릴 것을 추천합니다. 버리기 전에 필요한 수량만큼만 남깁니다. 예를 들면 넥타이, 벨트, 구두는 반드시 필요한 것만 각각 다섯 개씩 추립니다. 안경을 쓰는 사람은 세 개만 남기고 모두 버리세요. 쓰지 않는 안경을 '지금 쓰는 안경이 부러졌을 때를 대비한다'라며 보관하는 사람도 많은데 그럴 때는 안경을 바꿀 절호의 기회라고 생각하고 과감하게 새것을 구입해 보세요. 기분 전환의 계기가 될 것입니다.

코디용 소품은 적당한 가격대의 제품을 선택하는 것이 좋습니다. '이 정도 가격이라면 2년에 한 번(혹은 1년에 한 번) 새것으로 바꾸어도 부담스럽지 않다' 하는 수준의 제품이 가장 실용적입니다. 새로운 제품을 구매해서 낡은 것과 교체하면 무료한 일상에 기분 전환도 되고 부교감신경이 활성화되어 자율신경의 균형을 바로잡는

다섯 개만 남기고 모두 버려라

데도 효과적입니다.

이외에도 이점은 많습니다. 가령 안경은 새것으로 맞추려면 시력 검사를 해야 합니다. 평소에 우리는 시력이 갑작스레 변했거나 눈에 질환이 생기기 전까지는 안경점이나 안과를 잘 가지 않습니다. 그러니 이 기회에 눈 건강을 점검해 보는 것도 좋겠습니다. 지금까지 썼던 안경의 도수가 맞지 않아서 시력이 나빠졌거나 난시가 생겼거나 노안이 오는 등 눈 상태를 확인하고 심각한 상황으로 발전하지 않도록 대비할 수 있지요.

옷장, 신발장 등에 손도 안 댄 물건이나 자주 사용하지 않는 물건이 가득하다면 자신의 몸속에 스트레스를 잔뜩 쌓아두는 것과 같습니다. 지금 당장 필요한 것만 몇 개 남기고 모두 버리세요.

♡ 지키는 용기 다섯 ♡
넥타이, 구두, 벨트 등은 다섯 개씩, 안경은 세 개만!

006

집 안에 업무의

회사에서 스트레스를 잔뜩 받은 직장인이 마음 편히, 몸 편히 쉴 곳은 다름 아닌 '따뜻한 나의 집'입니다. 이 공간은 피로를 풀고 심신의 안정을 취하는 소중한 공간이죠. 그러니 재택근무를 하는 사람은 예외지만 되도록 일거리는 집으로 가져오지 말아야 합니다. **직장에서 가져온 서류나 자료는 '집에 불필요한 물건'이므로 하루빨리 정리하는 것이 좋습니다.** 눈 앞에 보이면 스트레스 덩어리만 될 뿐이죠. 그러니 눈에 보이는 대로 곧바로 처분하고 필요한 것은 다시 직장으로 가져다 놓아야 합니다.

집은 개인을 위한 사적인 공간입니다. 반드시 집에 있어야 하는 물건만 남기고 정리하는 것이 좋습니다. 만일 어쩔 수 없이 재택근무를 해야 하는 경우라면 그때만 한정적으로 업무와 관련된 자료를 집에 두고 업무가 마무리되면 곧바로 정리하세요.

주변을 보면 가구나 벽지 등을 꼼꼼히 고르며 세련된 공간으로 집을 꾸미려는 사람이 많습니다. 그런데 만일 저처럼 인테리어 감각이 없는 사람인데 잡지에 소개된 집처럼 멋진 방을 꿈꾸고 싶을 때는 스트레스만 생깁니다. 그래서 이것저것 온갖 인테리어 잡지를 다 펼쳐보지만 선택이 많아질수록 고민만 쌓이고 허송세월하게 되죠. 그러느니 포기하고 차라리 깔끔하게 정리하는 편이 낫습니다. 지저분한 물건만 없어도 집은 한결 멋진 공간으로 변신합니다. 그리고 이렇게 하면 쓸데없는 압박이나 스트레스에서 벗어날 수 있습니다.

물리적인 측면의 정리 정돈만이 아니라 심리적인 측면에서도 미련 없이 깔끔하게 정리하는 것이 중요합니다. '포기한다'라고 하면 부정적으로 받아들이기 쉬운데 실제로 해 보면 의외로 홀가분해집니다. 어딘가 찜찜하고 남에게 뒤처지는 듯한 아쉬움이 싹 사라집니다.

오히려 자신이 할 수 있는 것과 할 수 없는 것을 명확히 알 수 있기에 미련이 남지 않고 할 수 있는 것에 더 집중할 수 있습니다. 그리고 정리정돈도 효율적으로 할 수 있습니다. 자신이 할 수 없는 분야에 매달려 아깝게 시간 낭비하지 말고 가능한 분야에 그 시간을 투자하세요.

♡ 지키는 용기 여섯 ♡
집과 관련 없는 물건은 모조리 버려서 평온한 가정을 지켜라

007

오래된 돌잔치 사진은

심신의 안정을 가져다주는 간소한 삶을 위해서는 옛 자료나 문헌, 사진, 비디오 등 과거에 대한 집착을 버리고 처분하는 생활 방식도 중요합니다.

혹시 졸업식이나 결혼식, 돌잔치 등 기념일에 찍은 사진이나 기록을 자주 들여다보는 편인가요? 아니면 이미 지나간 과거는 과거일 뿐 묻어두는 편인가요?

우리는 자주 들여다보지 않는 편이라도 옛 사진이나 기록, 비디오 등을 '사용하지 않는 것'으로 분류하고 처분하기 어려워하는 경향이 있습니다. 자주 들여다보는 사람도 시간이 지나면 종이 사진이나 비디오테이프 등과 같은 매체가 빛에 바래거나 망가질까 봐 걱정하기도 합니다.

어떤 성향이든 저는 오래된 종이 사진이나 비디오테이프 등은 자료화해서 컴퓨터에 저장하는 방법을 추천합니다. 저장한 후에 앨범이나 DVD, 비디오테이프 등 물리적인 매체는 버립니다. 이렇게 하면 불필요한 물건을 집에 쌓아둘 일도 없고 정리도 간단해서 꺼내 보고 싶을 때 빠르게 찾아볼 수 있습니다.

물론 컴퓨터가 고장 나는 문제가 발생할 수도 있습니다. 이에 대비

자료화하고 버려라

해서 클라우드 서비스에 백업해 놓으면 안심할 수 있습니다. 심지어 최근에는 사진 데이터를 무제한으로 저장할 수 있는 클라우드 서비스도 생겼으니 이용해 보길 바랍니다.

먼지만 쌓이고, 이사갈 때 짐만 되고, 정리할 가구도 따로 구입해야 할 만큼 추억을 미련하게 쌓아두는 일은 하지 않길 바랍니다.

♡ 지키는 용기 일곱 ♡
물리적인 매체는 버리고 추억은 데이터로 지켜라

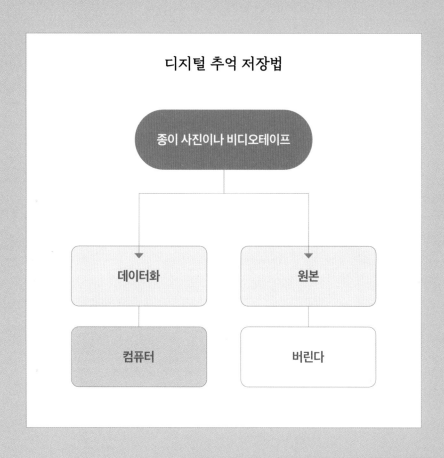

디지털 추억 저장법

종이 사진이나 비디오테이프

데이터화

원본

컴퓨터

버린다

앞서 필요 없는 옷을 정리하라고 말씀드렸습니다. 그런데 과연 내게 필요 없는 옷들은 어떻게 고르면 좋을까요? 그냥 마음에 안 드는 옷? 잘 안 입는 옷? 이렇게 따져보다가 결국 '그래도 나중에는 입을지 몰라' 하고 또다시 넣어 두는 경우가 많습니다. 이럴 때 필요 없는 옷을 정하는 기준을 하나 제안하겠습니다.

자율신경의 기능을 방해하는 옷과 신발을 정리합니다. 바로 몸에 딱 달라붙는 옷이나 발을 조이는 신발입니다. 이런 옷이나 신발은 우리 몸에 긴장을 유발하고 자율신경의 균형을 깨뜨리는 원인입니다. 이와 같은 옷이나 신발을 착용하면 교감신경이 과도하게 흥분되어 몸의 컨디션마저 저하되고 말지요.

원래 마른 체형이라면 상관없지만 날씬해 보이려고 무리해서 꽉 끼는 옷을 입는 경우라면 당장 정리하길 추천합니다.

이런 옷들도 역시 1년마다 주기적으로 정리하세요. 1년간 내 몸은 계속해서 변화됩니다. 큰마음 먹고 다이어트를 한다면 모를까, 대부분은 조금씩 살이 붙기 마련입니다. 그러면 크게 무리 없던 옷도 서서히 작아집니다. 그러니 1년에 한 번 정리하면 자신의 체형 변화에 맞춰서 옷을 교체할 수 있습니다.

옷은 버려라

'몸을 조인다'는 의미에서 넥타이도 마찬가지입니다. 넥타이를 매지 않는 편이 업무 향상에 도움이 되지만 만일 어쩔 수 없이 넥타이를 매야 하는 직종이라면 약간의 요령만 터득해도 업무 능률을 향상할 수 있습니다.

이를테면 출퇴근 시간에는 넥타이를 느슨하게 풀고 와이셔츠도 첫 번째 단추 하나 정도는 풀어서 몸이 조이지 않는 편안한 상태를 만드는 것입니다. 그리고 회사에 도착하면 곧바로 넥타이를 다시 매는 것이지요. 이렇게 하면 업무의 온·오프 전환도 능숙하게 할 수 있습니다. 점심시간이나 외부 사람과의 접촉이 없는 시간대에 넥타이를 느슨하게 푸는 것도 좋습니다.

물론 '몸에 딱 맞는 옷을 입으면 늘씬해 보여서 기분이 좋다'라고 말하는 사람도 있을 것입니다. 이를 부정할 생각은 없지만 몸이 별로 좋지 않을 때는 일단 몸을 조이는 옷이나 신발 등은 피하고 편안한 상태를 만들어 긴장을 푸는 것이 급선무입니다.

♡ 지키는 용기 여덟 ♡
몸을 조이지 않는 편안한 옷과 신발을 선택하라!

쓰기 불편한

집이나 옷장을 정리했으니 이제 가방도 살펴봅시다. 일단 가방 속의 물건을 모두 꺼내어 두 모둠으로 나눕니다.

잘 사용하는 것과 필요한 것, 필요 없는 것과 쓸 기회가 거의 없는 것으로 나누세요. 이때 불필요한 것은 버리고 필요한 것은 작게 나누어 바로바로 꺼내 쓸 수 있도록 정리합니다.

이렇게 하면 지금 들고 다니는 가방이 사용하기 편리한 것인지 아닌지를 파악할 수 있습니다. 필요한 물건을 분류해서 넣을 수 있는 가방인지, 필요한 물건을 바로 찾아서 꺼내 쓸 수 있는 가방인지 말입니다. 만일 이렇게 정리했는데도 가방에서 물건을 꺼내기 어렵거나 찾기 힘들다면 당장 이별을 고합시다.

얼핏 '가방 속의 물건을 찾는 게 뭐 그리 대수냐'며 무시할 수도 있는데 당장 필요한 물건을 빨리 찾을 수 없으면 어떨까요? 가방 속을 이리저리 뒤지다가 답답하고 짜증이 나서 울화통이 터질 수도 있습니다. 이런 상황이 반복적으로 발생하면 결국 스트레스가 쌓이고 자율신경의 균형은 깨지고 맙니다.

지갑도 마찬가지입니다. 지갑 속을 정리하면서 사용하기 편리한 것인지 아닌지 다시 한번 살펴보세요. 필요 없는 영수증, 포인트

가방이나 지갑을 버려라

카드, 날짜 지난 쿠폰 등이 잔뜩 들어있는 지갑도 스트레스입니다. 또 필요한 카드가 아무리 잘 수납되어 있어도 꺼내기 불편하면 이 역시 스트레스입니다. 가방이나 지갑은 일주일에 한 번이라도 좋으니 필요 없는 것을 꺼내어 버리는 시간을 가져 보세요. 지갑은 되도록 매일 정리하길 추천합니다.

방, 옷장, 신발장과 마찬가지로 가방이나 지갑 등 평소에 들고 다니는 물건을 자신에게 맞게 최적화하면 일상 속의 스트레스에서 해방될 수 있습니다. 또한 자율신경의 균형이 바로 잡혀서 업무 능률 향상은 물론 면역력까지 증진된답니다.

♡ 지키는 용기 아홉 ♡
가방과 지갑의 소지품을 모두 정리해 자율신경의 균형을 지켜라 정리 정돈을 하면서 가장 힘든 것이 바로 '어떤 물건을 어떻게 처리할지'입니다. 옷장이나 서랍 속 물건을 정리한답시고 몽땅 꺼내놓으면 바로 그 순간 '멘붕'이 옵니다. 그리고는 이런 고민을 시작하죠.

'도대체 뭘 어떻게 정리해야 하지? 뭘 버려야 하지?'

결국 막상 정리 정돈을 시작하려고 마음먹었을 때 물건이 너무 많으면 어떤 것이 필요하고 어떤 것이 필요 없는지 구분하기 어렵습니다. 또한 정리 정돈에 익숙하지 않으면 '지금은 안 쓰지만 언젠가 쓰지 않을까?' 하고 고민만 하다가 결국 버리지 못합니다.

생각 같아서는 싹 다 정리하고 싶은데 막상 그렇게 하자니 이런저런 걸림돌에 부딪히는 것이지요. 이런 상황에 맞닥뜨리면 스트레스를 줄이려고 시작한 일이 오히려 더 큰 스트레스로 다가옵니다.

이런 경우에 저는 '일시적 보류' 방법을 적극 추천합니다. 한꺼번에 많은 물건을 정리하려고 하면 그만큼 심리적인 부담과 스트레스가 커집니다. 버리기 아깝거나 살짝 고민스러운 물건, 가령 옷이나 신발 등은 일단 종이 상자에 넣어서 보류해 보세요. 6개월~1년 정도 지난 후에 상자 속의 물건을 살펴보고 사용했는지 안 했는지에 따라서 처분할지를 결정하는 것입니다. 이렇게 하면 '역시 안 쓰는 물건이었구나' 하고 미련 없이 버릴 수 있습니다.

이런 과정을 주기적으로 반복하면 점차 '일시적 보류 상자'에 넣는 물건이 줄어들 것입니다. 정리 정돈의 경험치와 요령이 점점 좋아 지기 때문이지요.

♡ 지키는 용기 열 ♡
망설여진다면 일단 '일시적 보류 상자'에 넣어 보관하라

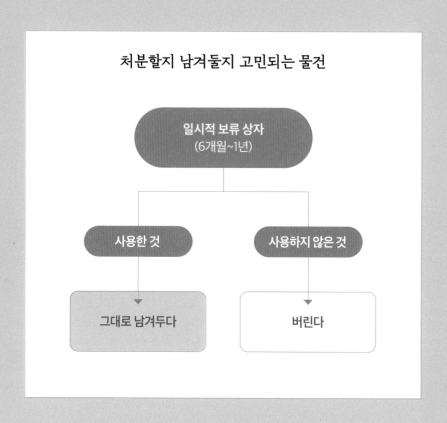

처분할지 남겨둘지 고민되는 물건

일시적 보류 상자
(6개월~1년)

사용한 것

사용하지 않은 것

그대로 남겨두다

버린다

011

오래된 책이나 참고 서적은

방과 옷장, 신발장 등은 정리할 수 있는데 책장 속의 책은 좀처럼 정리하기 어렵다고 말하는 사람이 많습니다. 책이나 잡지 등에는 옛 추억이 담겨 있기 때문일 것입니다. 몇 년씩 책장에 꽂아두기만 하고 꺼내 보지 않는 책일지라도 그 책을 읽었을 때의 감정이나 상황, 책의 내용, 깨달음 등이 뇌리에 깊이 남아 있어서 못 버리는 것이지요.

그런데 엄밀히 말하면 이는 '과거에 대한 추억'일 뿐입니다. 이런 추억이 내일을 사는 우리에게 과연 필요할까요? 앞으로 펼쳐질 미래를 위해서 불필요한 추억을 깔끔하게 정리하겠다는 각오가 책장을 정리하는 데 아주 중요한 요소로 작용할 것입니다.

물론 고이 간직하고 싶은 추억의 책도 있을 것입니다. 그런 책이나 잡지 등은 필요한 것이니 버리지 않아도 괜찮습니다. 대신에 학창 시절에 공부했던 책이나 예전에 관심이 있어서 몇 번 읽었던 잡지 등은 정리하는 것이 좋습니다. 추억을 되새길 수는 있지만, 최신 정보를 얻는 데 큰 도움은 되지 않기 때문입니다. 요즘은 인터넷 검색만 해도 최신 정보를 얻을 수 있으니까요. 물론 신간 서적을 통해서 정보를 얻을 수도 있지만, 과거에 출판된 책은 실제로

과감하게 버려라

별 도움이 되지 않습니다. 특히나 그중에서도 소설이나 에세이처럼 언제 읽든 여러 번 읽든 감동을 느낄 수 있는 책이 아닌, 실용서나 정보성을 담고 있는 책은 과감히 처분하시기 바랍니다.

오래된 책을 정리하면 신간 서적을 그 자리에 꽂을 수 있어서 책장의 '신진대사'가 원활하게 이루어집니다. 이렇게 되면 머릿속의 신진대사도 활발해지지요. 상쾌한 기분으로 새롭게 시작하고자 하는 의욕과 활력이 샘솟습니다. 그리고 시간이 지나서 '과거의 추억'이 된 책을 정리하는 선순환을 만들면 책장에 꽂힌 책과 잡지 등은 모두 의미 있는 것, 즉 현재 또는 미래에 필요한 물건이 될 것입니다. 이렇게 변신한 책장은 당신에게 환히 빛나는 멋진 보물이 될 겁니다.

♡ 지키는 용기 열하나 ♡
시의성에 민감한 책을 버려 책장의 신진대사를 유지하라

012

시계는 정장용 하나,

당신은 손목시계를 몇 개나 갖고 있나요? 우리 주변에는 시계를 여러 개 모으는 수집가도 있고 스마트폰이 있어서 굳이 손목시계가 필요 없다고 말하는 사람도 있습니다. 개중에는 수집가는 아니지만 중저가의 시계를 자주 구입하는 등 10개 안팎으로 갖고 있는 사람도 있습니다.

그런데 아무리 손목시계가 많아도 한 손에 찰 수 있는 시계는 하나뿐입니다. 평소에 애용하는 것도 한두 개 정도일 것입니다. 결국 나머지는 서랍 속에서 조용히 잠자는 신세로 전락하고 말지요. 물론 그날의 옷차림에 따라서 시계를 바꾸어 차는 사람도 있을 것입니다. 문제는 매일 어떤 시계를 찰지 고민하는 선택의 스트레스에 놓인다는 점입니다.

'시계 수집에 흥미가 있는 사람'이 아니라면 시계는 한두 개만 남기고 나머지는 처분하길 추천합니다. 물론 한 개로도 충분한데 시간, 장소, 기회에 맞추어 정장용 시계와 캐주얼용 시계, 두 개 정도를 남기는 것도 좋습니다. 시계는 1~2년 주기로 교체할 필요가 없으므로 자신에게 잘 어울리고 마음에 드는 것을 골라서 망가질 때까지(수리하면서 평생) 소중하게 사용하는 것도 좋습니다.

캐주얼용 하나만 남기고 버려라

고급 펜이나 만년필도 마찬가지입니다. 비교적 유행을 타지 않고 오랫동안 간직하면서 두고두고 사용할 수 있는 물건으로 마음에 드는 것을 하나 구매해 수명이 다할 때까지 사용하는 것을 추천합니다.

이렇게 하면 주변이 깔끔해져서 생활하기 편해집니다. 또한 외출할 때 어떤 시계를 찰지 고르는 데 시간 낭비할 필요도 없어 스트레스 없는 나날을 보낼 수 있습니다.

♡ 지키는 용기 열둘 ♡
시계나 만년필은 마음에 드는 것을 하나만 구입해서
소중히 오래오래 간직하라

013

애착 가방은 한둘만 빼고

앞에서 언급했듯이 가방은 사용하기 편한 것을 선택하고 가방 속의 물건을 주기적으로 정리하면서 사용하는 것이 좋습니다. 가방 속의 물건을 이 가방, 저 가방으로 옮겨가며 여러 개를 병용하는 것은 추천하지 않습니다. 분명히 기분에 따라 사용했던 여러 개의 가방은 바로 정리되지 않을 것이고, 그러다 보면 물건을 찾느라 온 사방을 구석구석 헤매게 될 겁니다. 그러느니 정말 필요한, 평소 자주 사용할 것 같은 가방 한둘만 사용하는 것이 좋습니다. 캐주얼용, 정장용 이렇게 두 개면 되겠죠.

쇼핑으로 스트레스를 푸는 사람은 구경하다 마음에 드는 가방이 있으면 꼼꼼히 살펴보지도 않고 무심코 구입합니다. 그런데 이런 식으로 구입한 가방은 주로 옷장 안에 고이 모셔둔 핸드백이나 브랜드 이름만 좋지, 사용하기 불편한 가방들입니다. 이런 가방을 보면 스트레스를 풀려고 샀던 물건이 오히려 또 다른 스트레스를 불러오기도 합니다.

그래서 저는 자신에게 맞는 합리적인 가격대의 사용하기 편한 가방을 하나만 구입할 것을 추천합니다. 아무리 좋은 가방이라도 쓰다 보면 이곳저곳이 헤지고 망가지기 마련입니다. 2년 정도 써보

모두 버려라

고 조금 낡았다는 생각이 들었을 때 과감하게 버리고 새 가방을 구입해 보세요. 기분 전환이 될 것입니다.

가방을 하나로 정해서 사용하면 좋은 점이 또 있습니다. 여러 개를 사용하면 수첩이나 지갑 등 소지품을 매번 이 가방에서 저 가방으로 옮겨야 합니다. 그런데 우리는 간혹 옮기는 것을 깜박할 수도 있고, 잘 못 하다 물건을 잃어버릴 수도 있습니다. 평소와 다른 행동은 스트레스의 원인으로 작용하여 자율신경의 균형을 깨뜨리고 주의력 저하를 초래하기도 합니다.

이렇게 가방 수를 줄일 때는 자주 가방 속의 물건을 정리해서 자료나 서류 등을 필요 이상으로 많이 들고 다니지 않도록 하는 것이 중요합니다. 되도록 이튿날에 필요한 것만 가방에 넣을 수 있도록 필요 없는 물건은 매일 가방에서 꺼내어 버리세요. 이를 습관화하면 가방 속의 물건도 깔끔하게 정리되고 머릿속도 맑아집니다.

♡ 지키는 용기 열셋 ♡
자신에게 맞는 업무용 가방 하나는 꼭 간직해라

'선택지를 줄여야' 일상에서 받는 스트레스를 줄일 수 있습니다. 옷, 가방, 코디용 소품 등 패션 아이템은 가짓수를 줄이고 정기적으로 새것으로 바꾸어 주세요.

집을 심신의 피로를 풀고 편하게 쉴 수 있는 공간으로 만들려면 직장에서 일거리를 가져오지 말아야 합니다. 가져와도 일이 끝나면 곧바로 정리하고 쌓아두지 않습니다.

종이 사진이나 비디오테이프, DVD 등은 데이터화해서 컴퓨터에 저장합니다. 물리적인 매체는 버립니다.

쓰기 불편한 가방이나 지갑, 몸에 너무 딱 맞는 옷은 스트레스의 주범입니다. 다른 것으로 바꿔보세요.

한 번에 너무 많은 물건을 정리하려고 하면 오히려 심적인 부담이 커지고 스트레스로 느껴집니다. 버려야 할지 말지 고민이 될 때는 '일시적 보류 상자'에 넣어두었다가 6개월에서 1년 정도 시간을 두고 결정하세요.

생활 속라는 에
버리다

2장

014

아침의 '늘어짐'과

'출발 시간 직전까지 자다가 허겁지겁 준비해서 나간다.'

이렇게 바쁘고 정신없는 아침을 보내는 사람이 많을 것입니다. 특히 요즘은 재택근무가 늘어 업무시간 시작 전까지 침대에서 뭉그적대는 사람도 있을 텐데요. 아침 시간을 어떻게 보내느냐에 따라서 그날의 컨디션에 큰 영향을 미친다고 합니다.

아침 시간을 정신없이 준비하는 시간으로 써버리면 하루 종일 자신의 능력을 효율적으로 발휘하기 어렵습니다. 우리 몸은 부교감신경이 높은 수면 상태에서 교감신경이 높은 활동 상태로 빠르게 전환할 수 없기 때문입니다. 머리가 멍한 상태로 책상에 앉아 업무를 시작해 봤자 적어도 오전 시간에는 자신의 능력을 발휘하기 어렵습니다.

그래서 저는 **1시간 일찍 일어나는 것을 적극 추천합니다.** 출근 전의 아침 시간을 여유롭게 보내면 몸과 마음에 활력이 생기고 상쾌한 기분으로 하루를 시작할 수 있습니다.

가령 아침 공기를 마시면서 산책을 하거나 집 청소를 하는 등 몸을

'서두름'을 버려라

가볍게 움직이는 시간으로 활용해 보세요. 마음이 상쾌해지고 기분 좋게 업무에 임할 수 있습니다.

또한 가족과 천천히 이야기를 나누며 아침 식사를 하거나 독서를 하는 등 여유롭게 보내면 심신에 평온이 찾아오고 차분한 하루를 시작할 수 있습니다.

처음에는 일찍 일어나기 힘들고 익숙하지 않겠지만 계속하다 보면 그 효과를 확연하게 느낄 수 있을 것입니다. 꼭 한 번 시도해 보세요.

♡ 지키는 용기 열넷 ♡
여유로운 아침으로 그날의 컨디션을 지켜라

015

땀 흘리며 출근하는

혹시 집에서 지하철 역이나 버스정류장까지 헐레벌떡 뛰어가는 출근길 '달리기'로 힘든 하루를 시작합니까? 아니면 여유롭게 시작합니까?

사실 출근 전에 땀을 흘리는 행동은 그리 좋은 습관은 아닙니다. 땀을 흘리면 자신도 모르는 사이에 스트레스가 쌓이고 자율신경의 균형이 무너지기 때문입니다.

러닝, 워킹 등 운동으로 기분 좋게 땀을 흘리는 것은 좋은 습관이지만, 하루 종일 직장에서 입고 일해야 할 정장을 아침부터 땀으로 적시는 것은 역효과를 낳을 뿐입니다.

만원 지하철에 몸을 싣거나 혼잡한 지하철 역사를 바쁘게 걸으며 출퇴근하는 것은 직장인이라면 누구나 겪는 일상이지만, 이 또한 정신적으로 큰 부담이 됩니다. '땀에 좀 젖으면 어때?'라고 가볍게 생각할 수도 있는데 실제로 우리 몸은 상상 이상으로 큰 타격을 받습니다.

그렇다고 혼잡한 시간대를 피해서 출퇴근하기란 그리 쉬운 일이 아니지요. 그래서 제가 전하고 싶은 것이 바로 '되도록 땀을 흘리지 않게 하는 요령'입니다.

예를 들어 통풍이 잘되는 티셔츠를 입고 출근하고, 사무실에 도착해서 양복으로 갈아입거나 통기성이 좋은 속옷이나 와이셔츠를 선택하는 것입니다. 땀을 흘린 후의 불쾌감을 줄이기 위해서 자신이 할 수 있는 범위 내의 다양한 것을 시도해 보세요.

또한 가능하다면 출퇴근할 때 가방 속의 소지품이나 짐을 줄이는 것이 좋습니다. 짐이 너무 많으면 무거워서 들고 다니기 힘들고 다른 사람과 부딪히는 등 스트레스가 배가 됩니다.

재택근무가 확산되면서 노트북이나 태블릿이 든 무거운 가방을 메고 다니는 사람도 많은데 이 역시 우리의 몸과 마음에 적지 않은 부담을 줍니다. 필요 없는 물건을 정리하지 않은 채 무겁게 들고 다니지는 않는지, 집이나 회사에 놔두고 다녀도 되는 것은 없는지 등 가방 속과 짐을 정기적으로 점검해 보세요.

♡ 지키는 용기 열다섯 ♡

통기성이 좋은 옷과 가벼운 가방으로 최상의 몸을 유지하라

구두나 하이힐을 신고 일하는 사람은 일주일에 몇 번만이라도 운동화를 신고 출근해 보세요. 훨씬 걷기 편하다는 것을 느낄 수 있을 것입니다. 최근에는 겉모양은 구두인데 착용감은 운동화와 비슷한 '비즈니스 슈즈'도 출시되고 있어 정장 차림과도 코디가 가능합니다.

발이 편해서 움직이기 좋아졌다면 출퇴근 방법도 한번 바꿔보세요. 평소에 지하철역이나 회사에서 에스컬레이터, 엘리베이터 등을 이용했다면 걷는 속도를 높여서 계단을 이용하는 것입니다.
사무실이 고층이어서 계단으로 다니는 것이 힘들다면 'O층까지만 계단을 이용하겠다'고 마음먹고 실천해 보세요. 가령 사무실이 6층이라면 2층까지 계단을 이용하고 3층부터는 엘리베이터를 타는 거예요. 이 패턴이 익숙해져 힘들지 않다면 2층을 3, 4, 5층으로 한 층씩 늘려서 최종적으로 계단만 이용해서 오르는 것을 목표로 세워 보세요. '오늘은 5층까지 계단으로 올라왔는데 심하게 숨이 차지 않았다' 등 자신의 체력이 얼마나 좋아졌는지 실감할 수 있을 것입니다. 마치 한 층씩 레벨을 깨는 게임을 즐긴다는 기분으로 도전해 보세요.

습관을 버려라

다만 이때 운동화를 신는 날은 일주일에 며칠로 한정하는 것이 중요합니다. 매일 운동화를 신고 출근하면 '오늘 또 계단으로 올라가야 한다'는 생각에 부담스럽거나 중도에 좌절할 가능성이 높습니다. 하지만 며칠 정도로 한정하면 '그래, 오늘은 열심히 계단으로 가는 거야!' 하는 기분이 들 것입니다.

자신의 체력과 업무 스타일 등의 균형을 고려해서 일주일에 운동화를 며칠 신을지를 정하세요. 처음에는 일주일에 한 번, 하루라도 상관없습니다. 운동화를 신고 가벼운 몸과 마음으로 건강한 하루를 만들어 보세요.

♡ 지키는 용기 열여섯 ♡
운동화를 신고 출퇴근 시간의 운동량을 지켜라

지하철이나 버스 등 대중교통으로 이동할 때 많은 사람이 피로를 느낍니다. 실제로 먼 거리를 걷는 것도 아닌데 피곤한 이유는, '이동하는 상황' 자체에서 스트레스를 받기 때문입니다.

만원 지하철도 스트레스의 원인이지만 환승 역시 귀찮고 힘들어 짜증스럽게 다가옵니다.

많이 걷지 않고 많이 기다리지 않고 곧바로 환승할 수 있다면 얼마나 좋겠습니까? 하지만 다음 역사까지 걷는 길이 혼잡하거나 예상 시간보다 오래 걸리기도 하고, 불친절한 표지판에 어떻게 가야 할지 몰라서 환승하는 데 애를 먹는 자신을 발견하고 짜증이 나기도 합니다.

사람은 효율성을 따지면 따질수록 그리고 자기 뜻대로 일이 풀리지 않으면 극심한 스트레스에 시달립니다. 효율적인 노선으로 헤매지 않고 편하게 환승할 수 없는 것이 스트레스라면 차라리 이를 관두고 '일부러 걸어서 하는 환승'을 택하는 것도 한 방법입니다. 이를테면 환승하기 불편한 승차 입구를 골라서 타고 내리는 것이지요. 일부러 '편한 환승을 추구하지 않는다'를 택했으니 갈아타는 데 아무리 시간이 걸려도 짜증이 나거나 불편하지 않을 것입니다.

오히려 우연의 일치로 기다림 없이 환승이 잘 되었을 때 살짝 '나는 행운아다'라는 생각마저 들 수 있습니다.

의외로 우리는 어쩔 수 없는 상황에 처한 불편보다 내 자신이 선택한 불편에 조금 덜 짜증을 내는 편입니다. 뭔가 적당한 이유를 대며 합리화를 하기도 하지요. 그러니 일부러 선택한 불편한 환승에 적당한 장점으로 포장해 봅시다.

일단 '편하지 않은 환승'은 조금 더 많이 걸어야 해서 건강에도 좋습니다. 플레이리스트의 음악을 조금 더 길게 들을 수 있습니다. 친구와 통화를 하며 걷는다면 환승 길이 길어질수록 더 좋습니다. 이렇게 긍정적인 마음으로 적당하게 워킹을 즐길 수 있다면 몸과 마음에 나쁠 리가 없겠지요?

♡ 지키는 용기 열일곱 ♡
일부러 '불편한 환승'을 택해서 몸과 마음을 조금 더 건강하게 유지하라

018

엘리베이터를 타는

건강하려면 평소에 운동을 해야 합니다. 그렇다고 스포츠 웨어나 장비가 반드시 필요한 격한 운동을 하라는 뜻이 아닙니다. 이런 운동은 교감신경을 과도하게 자극하므로 일상에 접목하기 어렵습니다. 일상에서 실천할 수 있는 적당한 운동 습관으로 제가 추천하는 방법이 하나 있습니다. 바로 '엘리베이터나 에스컬레이터 등을 타지 않는 것'입니다. 출퇴근길에 지하철을 이용하거나 회사에서 사무실에 오르내릴 때 계단을 이용하는 습관을 길러 보세요.

계단을 활용한 생활 속 운동의 최대 장점은 교감신경을 안정화하고 부교감신경을 활성화할 수 있다는 점입니다. 계단을 이용하면 전신의 근육을 사용하므로 혈액 순환이 좋아집니다.
또한 계단을 오르내릴 때의 리드미컬한 움직임은 부교감신경을 활성화하는 효과를 기대할 수 있습니다.

다만 아무리 좋은 습관이라도 도가 지나치면 본말전도가 될 것입니다. 무릎에 큰 부담이 가해지면 오히려 업무에 방해가 되고 규칙을 엄하게 정해서 심적인 부담이 커지면 오래 유지할 수 없습니다. 운동 습관을 기르는 요령을 이렇게 잡아 봅니다.

습관을 버려라

* 회사에서 두 층 정도는 반드시 계단을 이용한다
* 집이나 직장에서 가까운 역을 이용할 때는 에스컬레이터나
  엘리베이터를 타지 않는다
* 매일 오후 4시 이후에는 계단을 이용해서 이동한다

이렇게 자신만의 루틴을 만드는 것입니다. 그날의 기분이나 몸 상태, 업무 상황 등에 좌우되지 않고 딱히 의식하지 않아도 스스로 정한 장소나 시간에는 계단을 이용할 수 있는 상태를 최종 목표로 설정해 보세요.

♡ 지키는 용기 열여덟 ♡
매일 조금이라도 계단을 이용하는 루틴을 지켜라

019

오전에 잡무를 보는

'아침에 출근하면 제일 먼저 메일을 확인하고 하루 일정을 짠다'

'출근하면 업무 확인을 위한 미팅을 한다'

직장인 중에는 이렇게 하루를 시작하는 사람이 많을 것입니다. 그런데 저는 이런 식으로 오전 시간을 보내는 것이 참 안타깝습니다. 왜냐하면 오전 시간이 인간의 뇌가 가장 맑은 골든타임이기 때문입니다.

아침에 눈을 뜨면 우리의 뇌는 부교감신경이 활성화된 상태에서 교감신경이 활성화되는 상태로 서서히 전환하기 시작합니다. 따라서 이런 과정이 진행되는 오전 중에는 교감신경과 부교감신경이 만나는 접점, 즉 비슷한 수준으로 활성화된 상태에 이르게 되므로 하루 중에서 가장 이상적인 상태라고 할 수 있습니다.

따라서 높은 집중력이 요구되는 창의적인 업무나 중요 안건은 점심시간 전인 오전에 처리하는 것이 가장 좋습니다. 기계적인 문서 작성이나 단순한 메일 확인과 같은 잡무는 집중력이 떨어지기 쉬운 점심시간 이후로 돌리세요.

또한 당일 오전에 그날의 스케줄을 짜는 것도 버려야 하는 습관 중 하나입니다. 하루 전날의 저녁이나 밤에 다음 날 처리해야 할 안건과 업무 내용, 중요도, 마감일 등을 정리하고 스케줄을 미리 작성하세요. 당일 중요한 시간대에 불필요한 업무가 발생하지 않도록 미리 준비하는 것입니다.

하루의 업무 흐름을 명확하게 정해두면 일을 원활하게 처리하는 데 큰 도움이 됩니다.
가령 오전 중, 13~16시, 16~18시와 같이 시간대로 나누어 각각 기획서 작성, 잡무 및 미팅, 자료 작성 등 자율신경의 활동 시간대에 맞추어 배분하는 것입니다.
이렇게 시간대로 나누어 배분하면 '그다음에는 뭘 하지?' 하고 고민할 시간이 줄고 더욱 효율적으로 일을 처리할 수 있습니다.

♡ 지키는 용기 열아홉 ♡
인간의 뇌가 가장 맑은 오전 골든타임을 지켜라

020

내 몸에 기생하는

어느 조사에 따르면 책상에 앉아서 일하는 사람의 90%가 구부정한 자세 이른바 새우등, 거북목 등의 증상을 보인다고 합니다. 스마트폰을 볼 때나 책상에 앉아서 컴퓨터 작업을 할 때 주의해야 합니다. 평소 바른 자세를 의식하는 사람도 장시간 같은 자세로 일하면 서서히 등이 굽고 거북목이 나타날 수밖에 없습니다. 또한 자신도 모르는 사이에 근육과 장기에 심각한 손상을 초래할 수도 있습니다.

새우등이나 거북목이 우리 몸에 미치는 영향 가운데 가장 위험한 것이 바로 '얕은 호흡'입니다. 몸을 안쪽으로 굽히거나 웅크리면 폐에 압박이 가해지고 호흡을 방해합니다. 이렇게 되면 신체 장기와 뇌에 산소가 충분히 전달되기 어렵습니다. 당연히 집중력도 떨어지고 업무 효율도 낮아지게 되지요. 여기에 업무 스트레스와 부담이 더해지고 정신적인 불안까지 가세하면 호흡은 더욱 얕아집니다. 그야말로 악순환 그 자체입니다.

이런 악순환을 끊어내려면 몸의 긴장도가 높거나 부담과 압박으로 힘들 때 '심호흡의 중요성'을 떠올려야 합니다. 숨을 깊게 들이

마시고 천천히 내쉴 수 있도록 노력해 보세요. 천천히 심호흡하면 서서히 혈액 순환이 좋아지고 근육의 긴장도 풀려서 몸과 마음이 편안해질 것입니다.

저는 주로 '1대 2의 호흡법'을 추천합니다. 숨을 들이마시는 시간과 내뱉는 시간이 1대 2가 되도록 의식해서 호흡하고 7세트 정도 반복하는 방법입니다. 숨을 들이마시는 시간은 3초 정도가 적당한데 자신의 상황에 맞추어 편안한 속도로 가볍게 시도해 보세요.

♡ 지키는 용기 스물 ♡
1대 2의 깊은 호흡으로 바른 자세를 유지하라

숨을 깊이 들이마시고

천천히 내쉬어 몸의 편안함을

느껴보세요

021

땅을 보고 걷는

일본 가요 중에 '하늘을 보고 걷자'라는 노래가 있습니다. 의기소침하거나 걱정거리가 있으면 우리는 무심코 땅을 보고 걷습니다. 그래서 걱정 근심을 날려버리고 용기를 내라고 만들어진 노래가 아닐까요?

땅을 보고 걷는 행동은 우울과 걱정 등 부정적인 정신 상태가 그대로 물리적으로 몸에 드러나는 것입니다. 이를 뒤집어 물리적인 방법으로 접근하면 긍정적인 방향으로 전환할 수 있지 않을까 생각합니다.

만일 우울한 기분과 땅을 보고 걷는 행동이 한 세트라면 반대로 고개를 들고 하늘을 올려다보면 우울한 기분이 나아지지 않을까요? '그렇게 한다고 기분이 나아지겠어?' 하는 의문이 들겠지만 실제로 하늘을 올려다보면 등이 쭉 펴지고 바른 자세가 됩니다. 온몸에 산소가 충분히 전달되고 자율신경이 안정되기도 하지요.

긴장했을 때 심호흡을 했더니 마음이 차분하게 가라앉지 않았나요? 심호흡을 하면 부교감신경이 활성화됩니다. 부교감신경이 교감신경보다 높으면 몸과 마음은 편안해집니다.

자세를 버려라

만일 가슴이 답답하고 짜증이 나거나 화가 났다면 하늘 또는 천장을 보고 천천히 심호흡을 해보세요. 마음이 한결 차분해지고 기분이 나아질 것입니다.

첫머리에 언급했던 '하늘을 보고 걷자'라는 가요는 사실 '눈물이 날 것 같은 밤에는 눈물이 흘러내리지 않도록 얼굴을 들고 걷자'라는 취지의 노래라고 합니다. 이 노래가 일본에서 큰 인기를 끌었던 이유는 실제로 얼굴을 들고 하늘을 보고 걸었더니 기분이 나아졌고 긍정적인 마음을 갖게 되었기 때문이 아닐까 싶습니다.

♡ 지키는 용기 스물하나 ♡
얼굴을 들고 하늘을 보며 상쾌한 기분을 누려라

022

점심 식사 후의 시간은

직장인 중에 '점심 식사 후에는 졸음이 몰려와서 집중력도 떨어지고 일의 능률도 오르지 않는다'며 고민하는 사람이 많을 것입니다. 결론부터 말하자면 이는 인간의 신체 구조상 어쩔 수 없는 일입니다. 음식을 소화하려면 에너지를 써야 해서 뇌의 움직임이 둔해지기 때문입니다.

식후 2시간 동안 벌어지는 이런 상황을 어떡해서든 피하려고 애쓰지 마세요. 억지로 잠을 물리치며 힘든 일에 몰입하려고 애쓰는 것보다 차라리 집중력이 별로 필요치 않은 일을 하는 것이 낫습니다. 이를테면 메일을 확인하거나 자료를 정리하는 등 잡무를 보는 것이지요. 이렇게 하면 스트레스도 덜 쌓입니다.

'졸려도 어떡해서든 일을 해야 한다'라며 애를 쓰면 스트레스가 쌓이고 자율신경의 균형도 무너집니다. 이렇게 되면 그 이후의 업무에도 지장을 줄 수 있습니다. 인간이라면 누구나 이 시간대에 생산성이 낮은 것은 당연한 일이니 너무 개의치 말길 바랍니다.
또한 일부러 이 시간대에 업무에서 살짝 떨어져 보는 것도 좋은 방법입니다. 거래처를 방문하거나 회의를 잡거나 외부 사람과 미팅

과감하게 버려라

을 하는 방식으로 말이죠.

우리의 뇌는 다른 사람과 이야기를 나누면 교감신경이 높아져 집중력이 좋아진다고 합니다. 이런 뇌의 구조를 알고 적절하게 활용하면 생산성이 떨어지는 시간대를 알차게 보낼 수 있습니다.

뇌의 골든타임인 오전 시간과 달리 비효율적인 점심시간 이후의 2시간이 바로 그런 시간대이죠. 이런 시간을 정신력으로 극복하려고 애쓰지 말고 뇌의 구조에 맞는 스케줄로 업무를 처리해 보세요.

♡ 지키는 용기 스물둘 ♡
잡무로 식사 후 졸음 시간대를 지켜라

023

'한숨이 행복을 쫓아낸다'는

'한숨을 쉰다'를 부정적으로 받아들이는 사람이 꽤 많습니다. '한숨이 행복을 쫓아낸다'는 미신도 있고 '주변 사람의 의욕을 떨어뜨린다'라며 조심하는 사람도 있습니다. 그러니 누군가 한숨을 깊게 쉬면 '복 떨어지게 웬 한숨이냐'며 타박을 하고, '뭔가 안 좋은 일이 있냐'며 걱정을 하기도 합니다. 그런데 의학적인 관점에서 보면 한숨은 오히려 우리의 몸과 마음에 긍정적인 효과를 가져다줍니다.

천천히 심호흡을 하면 몸의 구석구석까지 혈액이 원활하게 순환되어 머리가 맑아집니다.

사람이 한숨을 쉬는 이유는 체내에 산소가 부족하기 때문입니다. 일에 집중하거나 스트레스가 높으면 저절로 호흡이 얕아집니다. 이런 상태를 개선하려고 우리 몸이 알아서 한숨을 쉬는 것입니다. 또한 한숨에는 부교감신경을 활성화하는 역할이 있습니다. 긴장된 근육으로 전신에 힘이 바짝 들어갔을 때 이를 이완해 주고 몸을 편안한 상태로 이끌어 줍니다. 즉, 한숨은 긴장을 풀어주고 기분을 전환하는 데도 매우 효과적이라고 할 수 있습니다.

하지만 아무리 좋은 점이 많아도 '직장이나 집 거실에서 당당하게 한숨을 쉬기는 좀 그렇다' 하는 분도 있을 것입니다. 그럴 때는 앞에서 언급했던 '1대 2의 호흡법'을 해보세요. 운동선수나 사업가, 경영인 등 항상 중압감에 시달리는 사람의 대부분이 실천하는 호흡법입니다.

한숨을 꾹 참고 쉬지 않으면 혈액 순환을 방해해서 근육이 긴장되고 어깨 결림이나 눈의 피로 등을 초래하는 원인이 될 수 있으므로 참지 않는 것이 좋습니다.

♡ 지키는 용기 스물셋 ♡
몰입이 안 될 때 한숨으로 집중력을 완수하라

024

하루에 '세 개 이상의 일정'은

바쁜 일상에 쫓기다 보면 많은 일정을 소화하려고 스케줄을 빡빡하게 짜게 됩니다. 몸에 무리가 올 수 있음에도 불구하고, 대부분은 어쩔 수 없이 바쁘게 움직이게 되죠.

직장인의 경우 프로젝트 마감일, 맡은 업무 마감 시간 등 '일을 우선하는 쪽'으로 치우치게 되고 '심신에 가해지는 부담'은 미처 신경 쓰지 못하기 십상입니다.

그런데 저는 이런 상태로는 절대 자신의 능력을 마음껏 발휘할 수 없다고 생각합니다.

좋은 컨디션으로 일하고 싶다면 '시간을 어떻게 사용할 것인지'도 반드시 고려해야 합니다.

저의 경우에는 여러 방법을 시도해 본 결과, 하루에 세 가지 이상의 일정을 넣지 않고 있습니다. 하루에 세 가지 이상의 일정을 넣으면 심적으로 여유가 없고 업무 측면에서도 효율이 떨어진다는 것을 깨달았기 때문입니다. 심신을 재충전할 휴식 시간이 없으니 스트레스만 쌓이고 다음 날 준비를 제대로 할 수 없더군요.

또한 이런 상태가 계속 이어지면 차분하게 업무에 집중할 기회마저 잃게 됩니다. 매일 조금씩 쌓이는 '무리'가 점점 커져서 악순환의 늪에 빠지는 것이지요.

'바쁠수록 쉬어가라'는 말이 있습니다. 능률을 위해서는 쉼이 반드시 필요합니다.

자신의 몸과 마음을 살피면서 일해야 장기적으로 능률과 업무 효율성 향상을 기대할 수 있습니다. 개인에 따라서 하루에 소화할 수 있는 업무의 양은 다르겠지만 일단 세 가지 미만의 일정을 기준으로 스케줄을 짜보길 권합니다.

♡ 지키는 용기 스물넷 ♡
하루 세 개 미만의 일정으로 스케줄을 관리하라

바쁠수록 잠시 숨을 고르세요

작은 쉼으로도 나만의 리듬을

충분히 만들 수 있으니까요

025

뭐든지 스마트폰 메모장에

최근에는 메모, 기록, 스케줄 관리 등을 스마트폰으로 하는 사람이 많아졌습니다. 부피가 적고 생각난 것을 바로 적을 수 있는 점은 분명 편리합니다. 의료 현장에서도 진료차트를 종이가 아닌 컴퓨터 파일로 전환하는 병원이 늘고 있는 등 문서 전자화의 움직임이 발 빠르게 진행되고 있습니다.

저 또한 디지털 기기의 메모 기능이 편리해서 일상에서 태블릿을 활용하고 있습니다. 하지만 정말 중요한 일은 종이에 직접 써서 남기려고 노력합니다. 수첩이나 작은 메모 용지를 항상 휴대하고 다니고 집이나 연구실 책상에는 바로 뽑아서 쓸 수 있는 메모지를 상비하고 있습니다.

손으로 뭔가를 쓰는 행위, 즉 '수기'의 최대 장점은 기억하기 쉽고 오래 남는다는 것입니다. 또한 손을 움직이고 나중에 자신의 필적을 다시 훑어보는 자극을 통해서 뇌가 활성화되어 자율신경의 안정화를 기대할 수 있습니다.

인간은 '언어로 생각하는 동물'이라 수기로 자신의 생각이나 업무를 가시화하여 머릿속을 정리할 수 있습니다. 문자로 옮기면서 사고하는 습관을 기르면 예상 밖의 문제가 발생하더라도 차분한 자세로 대처할 수 있습니다.

제가 실천하고 있는 메모 방법은 '세븐 라인즈Seven Lines'라는 것입니다. 원래 의사가 진료차트를 작성할 때 사용하는 기술로, 사건이나 과제의 배경에 따라 중요도가 높은 순서대로 일곱 개의 항목을 적는 방식입니다. 이렇게 적으면 어떤 문제의 전체적인 상황은 물론 위험성까지 폭넓게 검토할 수 있어서 직장이나 일상에서 벌어지는 다양한 상황에 접목하면 만일의 사태에 차분하게 대응할 수 있습니다.

♡ 지키는 용기 스물다섯 ♡
수기 메모로 기억력과 자율신경의 안정을 유지하라

026

명함을 '명함 파일'에

비즈니스 현장에서 빼놓을 수 없는 것이 '명함 교환'입니다. 디지털 시대를 살아가고 있지만 우리는 여전히 종이 명함을 주고받습니다. 그런데 이렇게 점점 쌓여가는 명함을 어떻게 보관하면 좋을지 고민하는 사람이 많습니다. 명함 파일에 꽂아두거나 최근에는 전자화해서 클라우드에 일괄 보관하는 기업도 생겨나고 있습니다.

그런데 아무리 보관 방법이 쉬워도 정작 필요할 때 곧바로 꺼낼 수 없다면 무용지물이 아닐까요? 일이 있을 때마다 명함을 일일이 찾아야 한다면 스트레스가 되겠지요? 시간 낭비는 물론 스트레스로 업무 효율도 떨어질 것입니다.

그래서 제가 실천하고 있는 명함 보관 방법을 소개하고자 합니다. 바로 종이 노트에 프로젝트별로 명함을 붙이는 것입니다. 노트 상부에 'O월 O일 학회', 'OO 프로젝트 구성원' 등을 적고 그 자리에서 교환한 명함을 붙입니다. 그날의 화젯거리나 인상 깊었던 점 등을 명함 가까운 곳에 메모해 두면 더욱 좋습니다.

별것 아닌 것 같지만 제 경험상 가장 효과적이었습니다. 모임이나

보관하는 습관을 버려라

회의 전에 노트를 꺼내어 살펴보면 예전 모임 때의 기억이 되살아
나고, 이전에 처리했던 업무에서 다음 업무로 원활하게 두뇌를 회
전할 수 있도록 도와주는 도구가 되기도 합니다.

♡ 지키는 용기 스물여섯 ♡

프로젝트별로 종이 노트를 활용해 명함 분실을 막아라

027

복잡한 업무를

유능한 경영인이나 사업가는 자신의 스케줄을 잘 관리하는 특징이 있습니다. 시간을 효율적으로 사용하므로 맡은 업무를 무리 없이 처리해 나갈 수 있는 것이지요.

혼히 '스케줄 관리'라고 하면 시간 단위로 쪼개서 업무를 세세하게 나누는 것을 떠올리기 마련인데 모든 업무를 시간 단위로 나누는 습관은 버려야 합니다.

시간 단위로 업무를 배분하는 스케줄 관리법은 예를 들어 'ㅇ시부터 30분 동안 메일 확인', 'ㅇ시부터 ㅇ시까지 영업과 미팅'과 같은 식입니다. 시간 단위로 처리해야 할 업무를 통제하는 것이지요. 이는 시간에 따라서 처리해야 할 업무를 명확히 알 수 있는 장점이 있습니다.

하지만 이 방법에 적합하지 않은 업무도 있다는 사실에 주목해야 합니다. 예를 들면 기획서를 작성하는 업무가 그렇습니다. 기획서를 작성하기 시작했지만 바로 시동이 걸리지 않아서 참신한 아이디어가 떠오르지 않았다고 해봅시다. 얼마 후 시간을 두고 생각하다가 드디어 아이디어가 떠올랐고 이제 막 쓰려는데 '1시간이 지났으니 이 일은 여기까지!'라며 작업에서 손을 떼라고 하면 뗄 수

'시간으로 나누는 것'을 관둬라

있나요?

또한 'ㅇ시까지 마무리해야 한다'는 시간 압박에 기획서의 질이 떨어질 수도 있습니다. 이처럼 시간 단위로 나누는 방법에 맞지 않는 업무는 '여기까지 했으면 일단 휴식을 취한다'와 같이 시간이 아닌 업무 내용 단위로 나누어야 합니다.

자신이 맡은 업무를 '시간 단위로 나누는 데 적합한 것'과 '내용 단위로 나누는 데 적합한 것'으로 구별해서 스케줄을 관리하면 훨씬 더 효율적으로 일할 수 있습니다. 그러면 성과물의 질도 당연히 향상됩니다. 보다 나은 아웃풋을 원한다면 자신의 스케줄 관리법을 점검해 보세요.

♡ 지키는 용기 스물일곱 ♡
내용 단위로 업무를 나눠 효율적인 업무를 고수하라

앞서 언급했듯이 하루 중 가장 머리가 맑은 골든타임은 오전입니다. 또한 오전 다음으로 창의적인 작업에 가장 적합한 시간대는 '15~18시(3시간 정도)' 사이입니다.

점심 식사 후의 약 2시간은 하루 중에서도 가장 생산성이 낮은 '비효율 타임'으로 이 시간대가 지나면 다시 자율신경의 균형이 안정되어 머리가 맑아집니다. 오전 중에 끝내지 못했던 창의적인 작업이나 중요한 안건 등은 이 시간대를 지나서 처리할 것을 추천합니다.

그런데 한 가지 주의해야 할 점이 있습니다. 18시 이후에는 생산성이 다시 떨어진다는 점입니다. 인간의 몸은 18시를 넘기면 부교감신경이 활성화되는 상태로 바뀝니다. 쾌적하고 편안하게 수면할 수 있는 상태로 전환하는 것이지요. 이는 저녁 식사와 상관없이 그렇습니다. 따라서 18시 이후에 중요한 업무를 처리하는 스케줄은 되도록 피하는 것이 좋습니다.

'막차까지 아직 시간이 있다'라며 느긋하게 일하다가는 늦어진 업무를 다 마치고 퇴근하기 쉽지 않을 것입니다.

'반드시 정해진 시간까지 끝내고 퇴근한다'라고 단단히 마음먹고

넣지 마라

단시간 동안 집중력을 발휘하는 편이 압도적으로 좋은 성과를 낼
수 있습니다.

또한 야근은 다음 날까지 영향을 미칩니다. 우리 몸은 밤이 되면 편
안하게 쉬는 모드로 돌입해야 하는데, 늦게까지 무리해서 일하면
자율신경의 균형이 깨지기 때문입니다. 야근이 일상화되면 이런
악순환에서 좀처럼 벗어나기 어려우니 반드시 주의해야 합니다.
18시 이후의 야근은 백해무익합니다. 자율신경의 사이클을 기억
하고 18시까지 중요한 업무를 마치고 퇴근한다는 생각으로 일하
길 바랍니다.

♡ 지키는 용기 스물여덟 ♡
그날의 업무는 18시까지 끝내 다음 날의 출근 컨디션을 지켜라

밤이 되면 우리 몸은

느긋하고 나른한 휴식의 모드를

간절히 원합니다

029

아무리 바빠도

중요한 업무는 18시 정도까지 끝내야 한다고 앞에서 언급했습니다. 우리 몸은 18시 이후부터 쾌적한 수면을 위한 준비를 시작합니다. 그러면 부교감신경이 활성화되어 생산성이 서서히 떨어집니다. 그런데 직장인의 경우 업종이나 분기에 따라서 업무량이 많아지는 등 야근을 할 수밖에 없는 상황이 생깁니다. 어쩔 수 없는 현실이지요. 하지만 이럴 때일수록 막차 시간까지 빠듯하게 일하는 것을 경계해야 합니다.

마감일이 임박했을 때 적당한 선에서 작업을 중단하고 다음 날로 넘기세요. 물론 이런 상황에서 '일단 일을 멈추고 퇴근하자'는 결단을 내리는 데 큰 용기가 필요할 것입니다. 쉽지 않은 선택이지요. 하지만 그러는 편이 오히려 자신의 능력을 충분히 발휘할 수 있고 작업 효율도 높아집니다. 결과적으로 좋은 성과를 기대할 수 있지요.

인간의 뇌는 구조상 조급하거나 초조할수록 부교감신경의 활동이 저하됩니다. 그 결과 혈액 순환이 원활하지 못해 자신의 능력을 충분히 발휘할 수 있는 상태와 점점 멀어집니다. 이런 상태에서 무리

오늘의 일은 내일로 미뤄라

하게 일하려고 애쓰면 우리의 몸과 마음은 큰 타격을 입습니다. 따라서 '그래, 내일 다시 열심히 하자!'라며 마음을 다잡고 집으로 돌아가 피로를 풀고 쉬는 편이 훨씬 더 효율적인 근무 방법입니다.

고된 업무로 망가진 자율신경의 균형을 바로잡으려면 반드시 충분한 수면이 필요합니다. 되도록 매일 6시간 이상 규칙적인 수면 시간을 확보하세요. 만일 매일이 어렵다면 휴일을 포함해서 평일 하루만이라도 규칙적인 생활을 하려고 노력해 보세요. 이렇게 하면 컨디션이 훨씬 좋아질 것입니다.

정시에 퇴근해서 저녁 식사와 목욕을 빠르게 마치고 디지털 기기에서 벗어나 몸과 마음을 편히 쉴 수 있는 하루를 만들어 보세요.

♡ 지키는 용기 스물아홉 ♡
쌓인 업무는 다음날로 넘겨 하루의 휴식시간을 확보하라

030

'지치거나 힘들면 앉는다'는

최근 들어 미식가와 식도락을 즐기는 사람들은 점점 느는데, 그만큼 운동으로 건강을 챙기는 사람은 많지 않습니다. 게다가 스마트폰을 손에 쥐고 사는 것이 일상이 되어 버리니 더더욱 집밖으로 나가는 것을 꺼리는 사람도 많아졌죠. 특히 책상에 앉아서 일하는 직장인의 경우 통근 시간 외에는 거의 몸을 움직이지 않는 경우가 많다고 합니다.

사람은 신체 구조상 서서 움직여야 합니다. 몸을 움직여야 혈액이 체내 곳곳으로 순환되어 건강해지는 구조라 하루 종일 앉은 채로 일하면 서서히 이상 증상이 나타납니다.

어떤 증상일까요? 장시간 움직이지 않으면 혈액 순환이 정체되고 혈액 속의 중성 지방을 분해하는 움직임이 억제되어 당뇨나 비만을 초래할 위험성이 높아집니다. 그뿐만 아니라 암이나 심혈관계 질병 등 중대 질환을 일으키는 원인이 되는 경우도 있습니다.

또한 '앉고 싶다'는 기분이 정신적으로 타격을 주는 경우도 있습니다. 가령 출퇴근길 지하철에서 '자리가 나면 앉고 싶다'라고 생각하고 있었다고 합시다. 운 좋게 자리가 나서 앉게 되었을 때는 만

생각을 버려라

족감이 높지만 만일 자리가 나자마자 다른 누군가 앉아 버렸다면 어떨까요? 이때 받는 스트레스는 상당합니다. 교감신경이 급격하게 항진되어 긴장 상태에 이르기 때문입니다.

이런 경우에 제가 추천하는 습관이 하나 있습니다. '지치거나 힘들면 앉는다'는 발상을 버리는 것입니다.

서 있는 편이 앉아 있을 때보다 오히려 자세가 좋고 호흡도 깊어져 건강해질 수 있습니다. 이와 동시에 혈액 순환도 개선되어 붓기도 예방됩니다. 몸이 힘들거나 지치더라도 가능하면 서 있는 편이 이득입니다.

서 있을 때의 장점을 생각해서 되도록 앉지 않는 습관을 길러 보세요. 건강한 삶에 가까이 다가가는 첫걸음이 될 것입니다.

♡ 지키는 용기 서른 ♡
입석의 장점을 떠올려 건강을 지켜라

031

자율신경을 망가뜨리는

현대인이라면 누구나 이용하는 '소셜 네트워킹 서비스Social Networking Service'와 소셜 미디어Social Media는 친구와 언제든지 편하게 연락할 수 있고, 자신의 신변 이야기를 발신하여 공유할 수 있기에 현대인의 일상에 빠뜨릴 수 없는 편리한 도구로 자리 잡고 있습니다.

그런데 의학적인 관점에서 보면 SNS는 인간의 심리에 큰 손상을 미치는 위험한 도구이기도 합니다. 혹시 친구가 공유한 '남친이나 여친과 떠난 해외 여행 사진', '값비싼 식당에서의 저녁 식사' 등 일상의 멋지고 화려한 순간을 보고 부러움과 시기, 질투, 초조함을 느꼈던 적이 있나요? 지인이 SNS에 올린 불평과 불만을 보고 불쾌했던 적은 없나요? 실제로 이때 우리 몸의 자율신경은 균형을 잃고 와르르 무너지고 맙니다.

SNS는 실시간으로 편하게 소통할 수 있는 반면, 다른 사람의 영향을 여과 없이 고스란히 받아야 하는 단점도 있습니다. 그래서 부정적인 감정이 생기거나 피로감이 느껴졌을 때는 자신이 현재 SNS를 어떻게 사용하고 있는지 되돌아볼 필요가 있습니다.

SNS를 멈춰라

저는 SNS를 통한 발신과 공유는 '자신을 위해서 하는 것이다'라는 규칙을 정하길 추천합니다. '남에게 잘 보이고 싶다'는 생각으로 자신의 이야기를 공유하면 주변 사람의 평가에 신경을 쓸 수밖에 없습니다.

'남이 아닌 내가 즐긴다'를 목표로 하루에 한 가지씩 공유해 보세요. 뭐든지 좋습니다. 예를 들어 자신이 좋아하는 동영상이나 글귀도 좋습니다. 만일 포스팅을 올리지 못했다면 그날은 심적으로나 시간적으로 여유가 없었다는 것을 알 수 있고, 포스팅을 위해서 매일 자기 주변을 살피다 보면 생각지도 못했던 멋진 일을 발견할 수 있을지도 모릅니다.

♡ 지키는 용기 서른하나 ♡
'SNS는 나를 위한 도구'라는 규칙을 지켜라

032

'찡그린 얼굴, 찌푸린 표정'을

일상에서 우리는 눈코 뜰 새 없이 바삐 지내기도 하고 난관에 부딪
히기도 합니다. 그럴 때마다 자신도 모르게 눈살을 찌푸리거나 험
상궂은 표정을 짓게 되지요. 삶에 여유가 점차 사라지면 서서히 독
기가 올라와 이를 악물게 되고 표정이 험악하게 굳어버리는 경우
도 생깁니다.

**이렇게 험상궂은 표정을 지으면 얼굴 근육에 힘이 들어가고 교감
신경이 항진됩니다.** 또한 혈액 순환이 원활하지 못하여 호흡이 얕
아지는 등 긴장이 높은 악순환에 빠지게 되지요. 특히 얼굴 근육이
긴장되면 뇌에 혈액이 충분히 전달되지 않아서 뇌의 움직임까지
둔해지는 경우도 있습니다.

스트레스 지수가 높은 현대 사회이기에 얼굴을 찌푸리는 일이 많
은 것은 어쩔 수 없는 일일지도 모릅니다. 하지만 이런 때일수록
자신의 표정과 감정이 어떤 관계에 있는지 알아야 합니다.

불안과 초조, 짜증을 유발하는 계기는 대개 업무와 관련된 일인데
'얼굴을 찌푸리거나 험상궂은 표정을 지으면' 일은 더욱 나쁜 방향
으로 흘러갑니다. 또한 주변 사람에게도 나쁜 영향을 미치지요. 눈
살을 찌푸리며 불안, 초조한 분위기를 조성하면 그런 부정적인 감

정이 주변 사람에게 고스란히 전달됩니다.

따라서 표정이 순식간에 굳어지거나 험악해지는 사람은 입꼬리를 의식적으로 올리는 연습을 하는 것이 좋습니다. 입꼬리가 올라가 있으면 저절로 웃는 얼굴이 됩니다. 웃는 표정을 짓는 것만으로도 서서히 마음이 가라앉고 머리가 맑아져 차분하게 대응할 수 있습니다.

긴장이 감도는 냉랭한 분위기 속에서 차분하고 온화한 표정의 누군가가 있으면 그 사람으로 인해서 주변 사람의 긴장이 풀리고 이내 기분도 누그러지는 등 선순환이 시작될 것입니다.

♡ 지키는 용기 서른둘 ♡
웃는 표정으로 몸의 선순환을 만들어라

건강해지려면 적당한 운동이 필수입니다. 요즘은 가볍게 시작할 수 있는 운동으로 조깅을 선택하는 사람이 많습니다.

'근력을 키운다', '운동 능력을 향상한다' 등의 트레이닝 효과를 기대한다면 조깅은 비교적 실천하기 쉬운 운동입니다. 그런데 만일 건강 효과를 기대한다면 저는 조깅(6~9km/h 속도)보다 워킹(5~6km/h 속도) 을 추천합니다.

조깅과 워킹의 가장 큰 차이점은 '호흡법'입니다. 빨리 달리면 달릴수록 호흡은 얕아집니다. 워킹보다 조깅이, 조깅보다 러닝이 속도가 빨라서 점점 호흡의 깊이는 얕아집니다.

호흡이 얕아지면 우리 몸에는 어떤 변화가 일어날까요? 부교감신경의 활성도가 저하됩니다. 연령에 따라서 다르지만, 원래부터 낮았던 부교감신경이 더 낮아지면 신체 노화가 가속화될 가능성이 있습니다.

건강 효과를 기대한다면 깊은 호흡을 병행할 수 있는 운동이 좋습니다. 횡경막을 아래, 위로 올렸다 내렸다 하며 깊은 호흡을 유도하면서 워킹하면 충분한 효과를 기대할 수 있습니다. 심호흡을 통해서 부교감신경의 저하를 막을 수 있을 뿐만 아니라 말소 부위까지 산소와 영양을 공급하면서 운동할 수 있습니다.

또한 리듬에 맞추어 워킹하면 자율신경의 안정을 도모하는 효과도 있습니다. 신체의 세세한 움직임을 온몸으로 느끼면서 천천히 워킹하면 심신의 균형도 바로잡을 수 있습니다. 평소에 다니지 않는 길을 코스로 정해서 경치를 즐기면서 워킹해 보세요. 기분도 상쾌해지고 건강 유지에도 큰 도움이 될 것입니다.

♡ 지키는 용기 서른셋 ♡
심호흡이 가능한 워킹으로 건강을 지켜라

평소에 다니지 않던 길을 택해

잔잔한 산책에서 시작해

서서히 속도를 높여 걸어보자

현대인에게 스마트폰은 생활의 일부입니다. 늘 휴대하고 다니면서 사용하는 것이 당연한 일상이 되었지요. 결제나 영화표 예매, 스케줄 관리 등도 스마트폰만 있으면 모두 가능한 시대입니다. '스마트폰을 사용하지 않는 삶'은 이제 상상조차 할 수 없습니다.

그런데 스마트폰을 하루 종일 손에서 놓지 않고 들여다보는 행위가 과연 건강에 좋을까요? 당연히 몸에 좋지 않습니다. 그리고 누구나 '좋지 않다'는 사실을 잘 알고 있습니다. 스마트폰 화면에서 나오는 블루라이트의 강한 자극은 눈에 피로를 주고 쉽게 지치게 합니다. 또한 눈(시각)을 통해서 전달되는 정보에 뇌가 과민하게 반응하여 교감신경이 자극되기도 합니다. 이런 자극이 지속되면 우리 몸은 편하게 쉬는 모드로 전환하지 못하고 수면의 질이 떨어집니다. 그래서 저는 '스마트폰을 보지 않는 시간'을 가져보길 권합니다.

저의 경우에는 귀가하면 일절 스마트폰을 보지 않습니다. 다만 긴급 시에 연락이 닿도록 벨은 울리도록 설정해 놓습니다. 정말로 급박한 상황이라면 메시지가 아니라 전화가 걸려올 테니까요. 또한

스마트폰을 관둬라

소셜 네트워크나 인터넷 뉴스는 '지금 당장 필요하지 않는 경우'가 많습니다. 바로 확인할 필요는 없다고 생각합니다.

스마트폰이 일상과 업무에 필요한 도구인 것은 맞지만 과도한 사용이 우리 몸에 스트레스를 준다면 본말전도가 아닐까요?
집에서 스마트폰 사용을 줄이기가 어렵다면 '20시 이후에는 보지 않는다'와 같이 시간을 정해 보세요.
또는 스마트폰의 보관 장소나 충전 장소를 한 곳으로 정해 보세요.
'무심코 스마트폰을 만지거나 보는 시간'을 줄일 수 있습니다. 이렇게 스마트폰에서 벗어난 시간을 의식적으로 만들면 생활의 리듬에 균형이 잡히고 질 좋은 수면을 취할 수 있습니다.

♡ 지키는 용기 서른넷 ♡
스마트폰으로부터 고요한 명상의 시간을 지켜라

035

취침 직전의 식사나

건강을 유지하는 데 수면의 질이 큰 영향을 미친다는 사실은 누구나 잘 알 것입니다. 그런데 사람들은 시간을 절약하기 가장 쉽고 빠른 방법이라며 잠을 줄입니다. 저는 반복되는 수면 단축은 신체 건강의 측면에서 좋지 않기에 추천하지 않습니다.

인간은 수면이 부족하면 사소한 실수를 연발하거나 일의 능률이 떨어지고 컨디션이 급격히 저하됩니다. 이는 자율신경의 불균형과 연관이 있습니다. 밤에는 교감신경이 낮아지고 부교감신경이 활성화되는 시간대입니다. 이 상태가 되면 우리의 몸은 휴식 모드로 전환되어 수면을 취할 준비를 합니다.

그런데 수면을 충분히 취하지 않으면 이런 자율신경의 사이클이 망가집니다. 부교감신경의 활동이 낮은 상태로 아침을 맞이하면 혈액 순환이 나빠지고 우리 몸 전체에 산소와 영양이 골고루 전달되지 않습니다. 수면 부족으로 이튿날 힘들었던 경험을 누구나 한 번쯤 해 봤을 것입니다.

지금부터는 수면의 질을 높이기 위한 방법으로 다음의 세 가지를 추천합니다.

입욕 습관을 버려라

① 저녁 식사는 취침하기 3시간 전에 끝낸다.

② 취침하기 2시간 전부터 스마트폰이나 컴퓨터, TV를 보지 않는다.

③ 입욕은 취침하기 2시간 전에 끝낸다.

이 세 가지를 실천하면 자율신경 사이클이 안정되어 수면의 질이 높아집니다.

그날의 생활은 그 전날에 어떻게 잤는지, 즉 수면의 질에 달려 있습니다.

안정된 자율신경 사이클을 위해서 그 전날 식사를 어떻게 하고, 자기 전 어떤 시간을 보낼지 등 휴식 모드로 빠르게 전환할 수 있는 생활 습관을 만들어 보세요.

♡ 지키는 용기 서른다섯 ♡
휴식 모드로 양질의 수면을 지켜라

036

너무 뜨거운 물로

지치고 피곤할 때 따뜻한 물로 샤워하거나 욕조에 몸을 담그고 피로를 풀고 싶어 하는 사람이 많을 것입니다. 욕조에 발을 담그는 순간, 전기가 흐르듯 온몸에 온기가 사르르 퍼지면서 하루의 피로가 사라지는 듯하죠. 특히 추운 겨울에는 반신욕처럼 행복한 일이 없습니다. 다만 적당히 따뜻한 물은 좋지만, 너무 뜨거운 물은 오히려 건강을 해치므로 피하는 것이 좋습니다.

42~43도 정도의 너무 뜨거운 물에 몸을 담그면 교감신경이 급격하게 자극되어 자율신경의 균형이 깨집니다. 피곤할 때는 되도록 이런 자극을 피하고 몸과 마음을 편히 쉴 수 있도록 하는 것이 좋습니다.

심신의 건강을 위한 목욕은 물의 온도와 시간이 중요합니다. 39~40도 정도의 적당한 온탕에 15분 동안 몸을 담그면 자율신경의 균형과 체내 장기의 움직임이 안정됩니다.

또한 탕에 들어가는 방법도 중요한데요. 처음에는 손과 발 등 심장에서 먼 말초 부위부터 물을 끼얹습니다. 그러고 나서 천천히 몸을 담급니다.

목욕하지 마라

처음 5분간은 어깨까지 담그고 나머지 10분간은 명치까지만 담그는 반신욕을 합니다.

천천히 몸을 데우면 입욕 후에 체온이 서서히 떨어져 우리 몸이 수면 모드로 전환할 때 훨씬 수월합니다. 혈액 순환도 좋아져 부기도 빠지고 다이어트에도 효과적입니다.

♡ 지키는 용기 서른여섯 ♡
천천히 몸을 데워 자율신경을 안정화하라

037

주말을 '대충 보내는'

혹시 주중에 쌓인 피로와 스트레스를 푼다며 주말 내내 침대에서 뒹구는 편인가요?

늑장 부리고 일어나 '자, 오늘은 뭐 하지?' 하고 생각하기 시작한 시점에 이미 해는 중천에 떠 있고, 딱히 할 일 없이 빈둥대다 보면 어느덧 해는 뉘엿뉘엿 지고, 저녁 시간이 되어서 '아, 오늘 아무것도 못 했네'라며 아쉬워하나요?

실제로 주말이나 휴일을 이렇게 보내는 사람이 많은 것 같습니다. 우리는 '몇 시부터 몇 시까지 ○○을 한다'는 식으로 뭔가를 정해놓지 않으면 마냥 빈둥거리고 아무 일도 하지 않는 경우가 많습니다. 이처럼 생활에 리듬이 없고 강약이 없으면 자율신경은 균형이 깨지고 제 기능을 하지 못합니다.

쉬는 날 당일에서야 '오늘 뭐 하지?' 하고 생각한다면 '이미 때는 늦으리'입니다.

그래서 저는 주말이나 휴일에 하고 싶은 일을 미리 정리해 둡니다. '몸을 움직일 것', '정리할 것' 이렇게 두 가지는 반드시 하자고 정해놓고 실행에 옮길 수 있도록 일주일 전부터 일정을 짭니다.

예를 들어 주말에 골프 약속이 있다면 '몸을 움직이는 것'은 달성입니다. 그러나 골프장에 반나절 이상을 머물러야 하므로 골프가 끝난 나머지 '정리'를 위한 30분의 시간을 확보합니다. 골프 약속처럼 시간이 많이 필요한 일정이 없는 날에는 비교적 여유가 있으므로, 정리할 일에 더 많은 시간을 할애해 보세요. 특히, 일부러 넓은 공간을 정리하면 활동량까지 늘릴 수 있어 '정리'와 '운동' 두 가지 효과를 동시에 얻을 수 있습니다.

이렇게 시간 단위로 나눠서 해야 할 일을 미리 정해두면 주말과 휴일을 알차게 보낼 수 있습니다. '하려고 했는데 결국 못했다', '빈둥거리기만 했다' 등 미련과 후회를 훌훌 날려버릴 수 있습니다.

♡ 지키는 용기 서른일곱 ♡
할 일을 미리 정해서 주말과 휴일을 알차게 지켜라

038

주말에 몰아서 자는

주중에 일이 바쁘거나 생활이 불규칙한 사람일수록 잠을 주말이나 쉬는 날에 몰아서 자려고 합니다. '주말에 몰아서 자면 된다'라고 생각하는 것이지요. 그런데 이런 습관은 자율신경의 균형과 안정을 깨뜨리는 주범으로 바로잡아야 합니다.

수면에서 가장 중요한 것은 '최적의 수면 시간'과 '일정한 리듬을 유지하는 것'입니다. 기상 시간은 되도록 매일 일정한 편이 좋습니다. 특히 늦잠 자기 쉬운 주말에도 웬만하면 주중과 동일한 시간에 일어납니다. 어쩔 수 없이 조금 늦추고 싶다면 1시간 이내로 합니다. 매일 똑같은 시간에 일어나는 편이 신체에 부담이 적습니다.

만일 수면 부족을 해소하고 싶다면 일주일에 하루 '푹 자는 날'을 정하는 방법을 추천합니다.
이 방법은 주말에 몰아서 자는 것과 다릅니다. '푹 자는 날'을 일주일의 중간 정도에 해당하는 수, 목요일로 정해서 평소보다 일찍 일을 마치고 집에 돌아와 TV나 스마트폰 등을 보지 않습니다. 20시 무렵에 저녁 식사를 마치고 느긋하게 목욕을 즐길 시간을 확보합니다.

수면의 질을 높여주는 물의 온도는 앞에서 언급했듯이 39~40도 정도입니다. 15분간 몸을 담급니다. 입욕을 마치고 평소보다 일찍 잠자리에 듭니다. 그다음 날 평소와 똑같은 시간에 일어납니다. 이렇게 '푹 잔 날'의 다음날은 아주 상쾌하게 눈을 뜰 수 있을 것입니다. 일주일의 후반부를 잘 이겨낼 에너지가 충전되었으니 활기차게 일에 전념할 수 있겠지요?

이 방법 외에 30분 정도 낮잠을 청하는 것도 꽤 효과적입니다. 졸음이 몰려오는 13~14시 정도에 눈을 잠깐 붙이면 자율신경의 균형을 깨뜨리지 않으면서 피로를 풀 수 있고 머리도 맑아집니다.

♡ 지키는 용기 서른여덟 ♡
수면 부족이라도 늘 일정한 리듬을 지켜라

깊이 잠든 밤이 쌓일수록,

몸과 마음은 더 멀리 나아갈 힘을

얻습니다

039

장기 휴가의 마지막 날까지

'바캉스 증후군', '연휴 후 우울증'이라는 말이 있습니다. 연말연시
나 여름휴가, 장기 연휴 등으로 오랫동안 쉬었다가 직장에 복귀했
을 때 좀처럼 업무에 집중하지 못하는 증상을 말합니다. 이런 증후
군에 빠지지 않고 곧바로 업무 모드로 전환할 수 있으려면 연휴를
잘 보내는 요령이 필요합니다.

요령의 중요 포인트는 '휴가 마지막 날'에 있습니다. '모처럼 낸 휴
가이니만큼 마지막 날까지 신나게 놀아보자'라고 생각하기 마련인
데 조금 양보해서 마지막 날은 '준비의 날'로 바꾸는 것입니다.
휴가 마지막 날의 일정에 업무적인 요소를 몇 가지만 넣으면 다음
날 출근하기 전에 업무 모드로 전환하기 수월해집니다.
가령 직장에서 쓸 자료나 양복, 구두 등을 미리 준비하는 것도 좋
고, 회사에 출근하는 대신에 가까운 카페에서 1시간 정도 가볍게
업무를 보는 것도 좋습니다. 메일 확인과 같은 간단한 작업 정도면
됩니다. 어디까지나 업무 모드로 쉽게 전환할 수 있는 계기를 만들
려는 것이니까요.

다만 기상 시간은 일정해야 합니다. 휴가가 길면 생활 리듬이 불규

칙해져 기상 시간이 늦어지는 사람이 많습니다. 기상 시간이 늦어지면 체내 리듬이 망가집니다. 따라서 휴가 마지막 날만이라도 평일과 동일한 시간에 일어날 수 있도록 신경 쓰세요.

장기 휴가의 마지막 날에 '업무 준비를 한다', '가볍게 메일 확인을 한다', '평소처럼 일어난다', 이렇게 세 가지만 지키려고 노력하면 휴일이 끝나고 출근하는 날, 업무 모드로 전환하기가 수월할 것입니다. 일단 실천하기 쉬운 것부터 해보세요.

♡ 지키는 용기 서른아홉 ♡
휴가 마지막 날에는 간단한 업무로 정상적인 출근 컨디션을 유지하라

040

스트레스의 원인인

목표 달성이나 건강 유지를 목적으로 자기 자신에게 다양한 규칙과 잣대를 들이대며 옭아매는 사람들이 생각보다 많습니다. 물론 매일의 습관이나 규칙은 목표를 향해 나아가는 데 흐트러지지 않도록 도와주므로 중요합니다. 그러나 규칙에 대한 집착이 너무 심하면 오히려 건강을 해칠 수 있습니다. '반드시 해야 한다'는 강박이 스트레스를 초래하고 필요 이상으로 심리적인 압박과 부담감에 시달리다 지치는 것이지요.

면역력을 높이기 위한 건강 습관이나 규칙은 단기간에 몇 번만으로 효과를 볼 수 있는 것이 아닙니다. 지속적으로 반복해야 서서히 효과가 나타납니다. 그러므로 욕심을 내어 너무 엄격한 규칙을 자신에게 부과하고 옭아매기보다는 '장기적으로 지속해야 한다'는 관점에서 접근하는 것이 중요합니다. 매일 실천하면서 습관으로 자리 잡을 때까지 지속하는 것이 효과를 볼 수 있는 가장 빠른 지름길입니다.

이때 중요 포인트는 '완벽을 추구하지 않는다'입니다. 완벽에 집착하면 몸 상태가 좋지 않은데도 무리하게 되고 정해진 규칙을 지키

'엄격한' 규칙을 버려라

지 못했을 때는 깊은 마음의 상처를 입습니다. '모처럼 열심히 해
온 것이 물거품이 되었다'라며 낙심하고 이것이 우울감과 스트레
스로 이어져 자율신경의 기능을 망가뜨리기도 하지요. 그런데 잘
생각해 보세요. 이것만큼 억울하고 안타까운 일은 없습니다.

장기간 스트레스 없이 지속할 수 있으려면 '80퍼센트만 해낸 자신
을 인정'해야 합니다. 몸이 보내는 소리와 신호에 귀를 기울이고 한
발 물러서 무리하지 않는 용기도 필요합니다.

'가끔은 땡땡이쳐도 괜찮아' 하는 여유로운 마음으로 실천해 보세
요. 어느샌가 '무언가 하는 것만으로 기특한 자신'을 발견할 수 있
을 것입니다.

♡ 지키는 용기 마흔 ♡
업무의 80퍼센트 달성으로 '늘 할 수 있다'는 자신의 의지를 지켜라

격동의 현대 사회를 살아가는 우리는 항상 스트레스를 유발하는 다양한 상황에 노출되어 살아갑니다. 아주 조금씩 자신도 모르는 사이에 스트레스를 받고 이렇게 축적된 스트레스는 우리의 능력을 떨어뜨립니다. 이런 상황을 피하려면 스트레스를 받는 사람들이 흔히 범하는 행동, 즉 '스트레스 신호'를 잘 알아두는 것이 중요합니다.

그 전형적인 신호 중 하나가 바로 인터넷 사이트를 이곳저곳 기웃거리는 행동입니다. '○○에 대해서 찾아본다', '○○에 대해서 알아본다'와 같은 뚜렷한 목적 없이 혹은 딱히 관심도 없으면서 화면 스크롤을 올리면서 멍하니 쳐다보는 것이지요. 이는 문제 있는 행동으로 현실에서 도피하고자 하는 마음의 표출이기도 합니다.

우리 인간은 스트레스를 받으면 일단 교감신경이 항진되고 부교감신경이 저하됩니다. 그런 다음에는 얼마 후부터 교감신경과 부교감신경이 모두 저하됩니다. 쉽게 설명하자면 무기력, 무반응의 상태에 이르게 되는 것입니다. 몸의 스위치가 켜지지 않고 그저 멍하니 시간을 보내는 것이지요. 이런 증상이 심해지면 우울증으로

못 본 척하지 마라

발전하기도 합니다. 주어진 정보를 받기만 하는, 앞서 이야기한 것처럼 인터넷 사이트를 멍하니 쳐다보는 행동이 이에 해당합니다.

두 번째로 말이 빨라지는 것도 스트레스 신호 중 하나입니다. 스트레스로 인해서 교감신경이 항진되었다는 것을 알려주는 알림이라고 할 수 있습니다. 교감신경이 항진되면 우리 몸의 혈액은 원활하게 순환되지 않아 뇌의 움직임에도 나쁜 영향을 미칩니다. 그 결과 말하는 속도나 감정을 통제하기 어려워지는 것입니다.

세 번째로 컴퓨터 작업을 하는 데 타자 실수를 연발하는 것도 스트레스 신호입니다. 이렇게 스트레스 신호를 알아차렸을 때는 몸과 마음을 편히 쉴 수 있는 시간을 가지려고 노력해야 합니다.

만약 이 세 가지 중 한 가지의 행동이라도 하고 있다면 내 몸의 신경 계통이 이상 반응을 보인다고 생각하고, 산책을 하거나 땀을 흘리는 정도의 운동, 또는 마음을 안정시키는 음악을 듣는 등의 행동으로 스트레스를 최소화하도록 해야 합니다.

♡ 지키는 용기 마흔하나 ♡
스트레스 신호를 감지해 빠른 대처 능력을 지켜라

—— 정신없이 바쁜 아침에서 벗어나 여유로운 아침으로 하루를 시작하면 자신의 능력을 마음껏 발휘할 수 있습니다. 하루를 차분하게 시작하고 싶다면, 1시간 일찍 일어나 보세요.

—— 머리가 맑은 오전 시간대의 골든타임에는 높은 집중력을 요하는 업무를 일정에 넣으세요. 이 시간대에는 메일 확인과 같은 잡무는 넣지 않습니다.

—— 스마트폰의 메모 기능은 매우 편리합니다. 때로는 기억 저장과 자율신경의 균형에 효과가 있는 '수기 메모'를 실천해 보세요.

—— 아무리 바빠도 늦은 시간까지 야근하는 것은 금물입니다. 차라리 일찍 마무리하고 충분한 수면을 취한 후에 다음 날 작업하는 편이 훨씬 더 효율적입니다.

—— 취침 직전에 식사를 하거나 목욕을 하는 것은 수면의 질을 떨어뜨리고 자율신경의 균형을 깨뜨립니다. 스마트폰이나 컴퓨터도 교감신경을 자극하므로 취침 전에는 멀리하는 것이 좋습니다.

3장

기조의 시장왕국과
벼룩시장 버리다

어떤 일을 마무리했는데 70퍼센트밖에 완수하지 못했다고 느꼈을 때 당신은 어떤 생각을 합니까? 예전에 60퍼센트였다면 10퍼센트 가 올랐으니 '성장했다'며 기뻐하거나, 전에는 80퍼센트였으니 '다음에 더 분발하자'며 의욕을 다지나요?

우리 주변에는 이런 식으로 간단하게 생각하는 사람이 있는가 하면, 남이 자신을 어떻게 평가할지 남의 시선을 신경 쓰는 사람도 있습니다. 대개 이런 사람은 자존심이 센 사람입니다.

자존심은 우리 내면에 있는 것처럼 보이지만 실은 아닙니다. 자존 심의 정체는 '타인의 시선'입니다.

인간관계에서 다른 사람이 자신의 자존심에 상처를 냈다며 분개 하는 사람이 있는데 이는 남이 자신이 바라는 평가를 보여주지 않 았거나 자신이 바라는 대로 대우를 못 받았다고 생각하기 때문입 니다. 자신이 남에게 어떻게 비치는지, 남이 자신을 어떻게 평가하 는지 등 이런 것에 의해서 자존심이 드러났다 사라졌다 하는 것입 니다.

또한 자존심은 자율신경에 매우 성가신 존재입니다. 업무 스트레

'자존심'을 버려라

스로 자율신경이 망가지고 심적 부담으로 마음의 상처를 입었는데도 회사를 관두지 않는 사람이 있습니다. 이유를 물어보면 대개 "힘들게 들어온 대기업이라 관두고 싶지 않다"라고 대답합니다. 이 역시 자존심의 표출입니다. 남에게 '그 유명한 ○○ 회사에 다니는 사람'이라는 평판을 듣고 싶은 자존심 말입니다. 그런데 자신의 몸과 마음, 정신마저 희생하면서까지 지켜야 할 자존심은 이 세상 어디에도 없습니다.

우리는 타인의 시선이 아니라 자기 자신과 마주해야 합니다. '자율신경을 망가뜨리는 이런 비뚤어진 자존심은 당장 버리자'는 마음가짐을 가져야 합니다.

♡ 지키는 용기 마흔둘 ♡
타인의 시선이 아닌 자기 자신과 마주하는 시선을 지켜라

반사적으로 짜증 내는

살다 보면 누구나 '짜증', '분노', '화'를 느끼는 순간이 있습니다. 이럴 때 우리는 반사적으로 버럭 화를 내기도 하고 그 순간에는 참았지만, 서서히 분노가 치밀어 올라 어쩔 줄 모르기도 합니다.

이런 '분노'나 '화'와 같은 감정, 또는 이를 표현하는 행위는 자율신경은 물론 심신의 균형을 망가뜨립니다. 분노로 혈액 순환이 나빠져 뇌에 충분한 산소와 영양이 전달되지 않고 이로 인해서 판단력이 흐려지기도 하지요. 그래서 우리는 분노의 순간은 참지 못하면서도 지나고 나면 당시 왜 그렇게 화가 났었는지 이해하기 힘든 적도 많습니다.

이처럼 '분노'가 좋지 않다는 것을 알면서도 순간적으로, 그리고 저절로 올라오는 감정이라 제어하기가 여간 쉽지 않습니다. 따라서 의식적으로 제어하려고 노력하는 것이 중요합니다. 지금부터는 제가 알려드리는 행동을 따라해 보세요.

일단 '화가 날 것 같다' 하는 감정을 감지합니다. 이런 감정이 조금이라도 낌새를 보인다면 일단 침묵으로 일관하세요. 그런 후 심호흡을 합니다.

이렇게 분노의 감정을 감지할 수 있으면 이 단계에서 이미 절반은 수습할 수 있습니다. 그리고 조용히 심호흡하면 자율신경을 그 이상으로 망가뜨리지 않고 끝낼 수 있습니다. 이 순간이 분노에서 가장 중요한 순간입니다. 이 찰나를 제어하지 못하면 그 분노는 결국 폭발해 버리고, 자율신경은 망가지게 됩니다.

기억하세요. 조금이라도 마음이 시끄러워지며 몸이 뜨겁게 달아오르는 느낌이 들면 크게 세 번 숨을 쉬세요.

분노의 감정을 능숙하게 통제하면서 자율신경의 균형이 깨지지 않도록 조심합시다.

♡ 지키는 용기 마흔셋 ♡
자율신경의 균형을 깨는 '분노'를 사전에 감지해 평정심을 고수하라

집, 직장, 인간관계 등 현대를 살아가는 우리는 매일 수많은 스트레스에 노출되어 하루하루를 보냅니다.

현실적으로 피할 수 없는 스트레스라면 차라리 '고민하지 말자' 또는 '잊어버리자'라고 생각하는 사람도 있을 것입니다. 그런데 이는 근본적인 해결책이 아닙니다. 피하려고 하면 할수록 오히려 스트레스의 원인을 의식하게 되고 결국 머릿속에서 계속 맴돌기 때문입니다.

그래서 저는 스트레스를 피하는 대신, 정면으로 마주하고 받아들이는 방법을 추천합니다. 이렇게 하면 스트레스의 원인이 사실 '자기 자신'임을 깨닫게 될 것입니다.

이를테면 직장에서 맡고 싶지 않은 업무로 스트레스를 받을 때 사표를 던지지 못하고 꾸역꾸역 출근해서 일하는 사람은 다름 아닌 자기 자신입니다.

인간관계에서도 스트레스를 주는 사람과 교류를 끊지 못하는 것도 다름 아닌 자기 자신입니다. 남의 탓으로 돌릴 것이 아니라 '자신에게도 책임이 있다'는 사실을 받아들이고 좋은 의미에서 미련 없이 포기하면 의외로 자율신경이 안정되어 마음이 편안해집니다.

'남 탓'을 버려라

이 방법 외에도 어떤 일이 스트레스인지 종이에 주기적으로 적어보는 것도 좋습니다. 번호를 매겨서 써보고 그때의 상황을 되돌아보면 '그때 이렇게 했다면 좋았을 텐데' 하고 냉정하게, 객관적으로 자기 자신을 바라볼 수 있습니다.

또한 똑같은 상황에 처했을 때를 대비해서 '다음에는 이렇게 해야지' 하고 긍정적인 대비책도 마련할 수 있지요. 이런 과정이야말로 자율신경의 균형을 회복시키고, 다음번에 그와 비슷한 스트레스를 덜 느끼게 해주는 좋은 방법이라고 생각합니다.

♡ 지키는 용기 마흔넷 ♡
스트레스를 당당하게 마주할 대비책을 고수하라

045

'주말은 쉬는 날'이라는

직장인이라면 일주일에 두 번 정도 쉬는 날이 있을 것입니다. 하루도 쉬지 않고 매일 일한다면 우리 몸은 지치고 건강에 적신호가 켜질 수 있겠죠. 따라서 휴식은 매우 중요한데 사람마다 일하는 방식이나 생활 방식에 대한 가치관이 다르기에 휴식을 취하는 방법도 다릅니다. 획일적으로 모두 똑같이 휴식을 취하지는 않습니다.

대개 사람들은 주말에 푹 쉬어야 월요일부터 최상의 컨디션으로 업무에 임할 수 있다고 생각합니다. 이 부류에 속한다면 주말에 푹 쉬도록 합니다.

하지만 저와 같은 경우도 있습니다. 저는 1년에 하루 종일 쉬는 날이 거의 없습니다. 완전히 하루 종일 쉬면 생활 리듬이 깨져서, 이를 원래 상태로 돌리기까지 시간이 많이 걸리기 때문입니다. 오히려 이것이 저에게는 스트레스가 되죠. 그래서 저는 주말에도 병원에 나가 환자 상태를 점검하거나 필요한 서류를 확인하는 등, 일부러 '완벽한 휴일'을 만들지 않으려고 노력합니다.

물론 '쉬지 않으면 몸에 좋지 않아요', '업무의 온오프를 명확하게 구분해야 합니다'라는 지적을 받기도 합니다. 그런데 이것이야말로 각자 나름의 상황과 판단에 맡겨야 한다고 생각합니다. 저에게는 휴식이 없는 일정이 전혀 문제가 되지 않습니다.

일하는 시간과 쉬는 시간의 적절한 배분과 속도는 사람마다 각자 다른 것이 당연합니다. 괜한 선입견으로 주말엔 여행을 가야 한다, 주말엔 잠을 푹 자야 한다, 주말엔 쇼핑을 해야 한다… 등으로 생활 리듬을 망치는 사람도 있을 것입니다.

세상의 표준이나 상식이 모든 사람에게 그대로 적용되지 않으니 일단 자신의 몸과 마음을 잘 살피고 자신에게 맞는 최적의 리듬과 방식을 찾아보세요.

♡ 지키는 용기 마흔다섯 ♡
선입견을 버리고 자신만의 리듬을 고수하라

우리는 타인의 시선이 아니라
자기 자신과 마주해야 합니다

046

'다음 일정에 휘둘리는 것'을

주말이나 휴일에 친한 친구, 애인과 시간을 보내는데 마음속 어딘 가 불안해서 소중한 시간을 오롯이 즐기지 못했던 적이 있습니까? 앞으로 다가올 일이 걱정되고 신경이 쓰여서 그랬을 것입니다.

'다음 주에 치를 시험이 걱정이다', '내일 프레젠테이션이 있는데 잘할 수 있을까?' 하고 앞으로 일어날 일을 걱정하고 신경 쓰면 지 금을 오롯이 즐길 수 없습니다.

아직 일어나지도 않은 일을 미리 걱정하는 것은 '지금'이라는 시간 을 낭비하는 것과 같습니다. 무척 안타까운 일이지요.

저는 의사라 병원에서 '여명 선고'를 받은 환자와 이야기를 나눌 기 회가 종종 있습니다. 이들이 '오늘이라는 하루', '지금 이 순간'을 얼 마나 소중하게 여기고 가치 있는 것이라고 생각하는지 직접 피부 로 느끼지요. 먼 미래나 앞날을 걱정하는 것이 아니라 눈앞의 한정 된 소중한 '지금'이라는 시간을 곱씹으며 의미 있게 보내려고 노력 합니다.

두 번 다시 돌아오지 않을 '지금'이라는 소중한 시간을 우울한 감정 이나 불안에 휘둘려 오롯이 즐기지 못하는 것은 너무나도 슬픈 일 입니다.

버려라

미래에 대한 걱정이 좋은 방향과 결과로 이끌어 준다면 좋겠지만 아무리 걱정하고 고민해 봤자 크게 바뀌지 않습니다. 게다가 인간이라면 누구나 근심과 걱정이 있는 법. 인생이란 그런 것이니까요. 앞으로 다가올 내일과 미래를 걱정할 여유가 있다면 그 시점에서 이미 당신은 매우 행복한 상황입니다. 제일 먼저 이를 인식해야 합니다. 그리고 좀 더 '지금'이라는 시간을 소중히 여긴다면 의미 있는 멋진 인생을 맞이할 수 있을 것입니다.

♡ 지키는 용기 마흔여섯 ♡
그저 현재, 오늘, 이 시간을 행복하게 지켜내라

047

'뒤로 미루는 버릇'을

혹시 해야 할 일을 뒤로 미루는 버릇이 있습니까? 그런 사람에게 추천하고 싶은 것이 있습니다. '일단 행동하자'입니다.

일단 행동하는 것이 중요하므로 반드시 업무와 관련된 일일 필요는 없습니다. 마음이 가는 대로 움직이기 쉬운 것부터 시작해 보세요. 이를테면 영화 관람이 머릿속에 떠올랐다면 영화관에 가는 것입니다. 예전부터 간판만 보고 그냥 지나쳤던 음식점에 들어가 보는 것도 좋습니다. 독서에 집중하지 못했던 사람은 그동안 쌓아두기만 했던 책 표지를 살짝 들춰보는 것만으로 충분합니다. 또한 막연히 여행을 떠나고 싶다고 생각했다면 바로 옆 동네, 가까운 곳 어디라도 좋으니 떠나보세요. 일단 행동으로 옮기는 것입니다.

실제로 최근에 뒤로 미루는 습관이 버릇처럼 굳어버린 사람이 늘고 있습니다. 가장 큰 원인 중 하나는 코로나바이러스 감염증의 영향입니다. 코로나바이러스가 유행했을 당시 공사를 불문하고 '코로나만 사라지면…' 하고 뒤로 미루던 말과 행동이 버릇으로 굳어버린 것이지요.

우리 인간은 움직이면 움직일수록 몸이 가벼워집니다. 반대로 움

142

버려라

직이지 않으면 몸은 무거워지고 점점 둔해집니다. 정신적인 것뿐만 아니라 근력이 쇠약해져 체력이 저하되고 심신의 건강마저 악화되는 것입니다.

앞에서 예로 든 것처럼 행동으로 옮기기 쉬운 것부터 일단 시작해보고, 몸을 가볍게 만드는 연습을 해보세요.

보고 싶은 영화라면 일단 예매부터 하고, 가고 싶은 식당이 있으면 무작정 들어가 봅니다. 친구와 여행을 가고 싶다면 숙소부터 예약하고, 운동을 하려고 했다면 일단 현관에 나가 신발을 신고 산책으로 시작하는 것이죠.

이런 자그마한 시작이 뒤로 미루는 버릇을 바로잡는 중요한 첫걸음이 될 것입니다.

♡ 지키는 용기 마흔일곱 ♡
일단 행동하라, 그래야 좋아하는 걸 지켜낸다!

048

해야 할 일을 정해서

저는 스포츠 닥터로서 운동선수에게 심신의 상태를 잘 다스릴 수 있도록 '컨디셔닝 어드바이스Conditioning advice'를 하고 있습니다. 이들이 자신의 능력을 최대치로 끌어올리는 데 가장 중요한 것은 '걱정과 망설임을 버릴 수 있도록 돕는 것'입니다.

시합에 나가기 전에 '다른 선택지를 생각해 두어야 하는데…', '상대 팀에게 지면 어쩌지…', '팀원에게 피해를 주면 어떡하지…' 등 이런저런 생각으로 마음이 복잡하면 이길 수 있는 전력과 기술을 갖고 있음에도 이기지 못합니다.

긴장될 때는 쓸데없는 걱정이나 망설임을 홀홀 털어버리고 '해야 할 것'과 '하지 말아야 할 것'을 명확하게 정해야 합니다.

이는 운동선수에게만 해당하지 않습니다. 누구라도 긴장되는 상황에서는 이렇게 행동해야 합니다. 우리가 긴장하는 이유는 '해야 할 일'이 명확하지 않아서 '어떡하지?' 하는 걱정과 불안, 망설임이 앞서기 때문입니다. 이런 부정적인 감정을 없애는 것이야말로 과도한 긴장에서 벗어날 수 있는 최선의 방법입니다.

여담이지만 저도 TV 프로그램에 출연할 때 긴장하는 경우가 있습니다. 카메라 앞에 서면 TV 화면 너머로 수백만 명이 지켜보고 있다는 생각에 긴장하고 말지요. 이때 저 또한 운동선수와 마찬가지로 '해야 할 일'과 '하지 말아야 할 일'을 명확하게 구분합니다.

가령 정보 프로그램에 출연할 때는 '저의 전문 분야에 대한 질문은 정확하게 답변한다. 그러나 그 밖의 주제에 대해서는 많이 말하지 않는다'라고 정합니다. 연예 프로그램에 출연할 때는 '나의 역할 이외의 부분에는 관여할 필요가 없다'라고 정합니다.

해야 할 일과 하지 말아야 할 일을 명확하게 구분하면 복잡하고 답답했던 마음이 편해지고 그 결과 좋은 성과를 이끌어낼 수 있습니다.

♡ 지키는 용기 마흔여덟 ♡
'해야 할 일'과 '하지 말아야 할 일'을 명확하게 고수하라

049

쓸데없는 '작은 고민'은

우리는 매일 이런저런 고민을 하면서 살아갑니다. 그중에는 중대 사안도 있고 아주 미미한 것도 있습니다. 이렇듯 우리가 안고 사는 고민에는 크기의 차이가 존재합니다.

예를 들어 'TV 상태가 조금 이상한데 수리하는 게 나을까? 아니면 새것으로 교체하는 게 나을까?', '오랜만에 친구랑 만나는데 어디가 좋을까?', '아내에게 어떤 선물을 줄까?' 등은 작은 고민에 해당합니다.

하나씩 세세하게 따져보면 긴박하지 않고 내버려둬도 큰 지장이 없는 고민입니다. 그런데 이런 자그마한 고민이 계속 쌓이다 보면 의외로 성가신 존재로 변할 수 있으므로 주의해야 합니다.
이를테면 쓸지 안 쓸지 고민되는 작은 물건이 조금씩 쌓여서 엉망진창이 된 서랍 속을 상상해 보세요. 아마 이해하기 쉬울 것입니다. 막상 필요한 물건이 생겼을 때 복잡한 서랍에서 잘 찾을 수 있을까요? 아마 짜증부터 날 것입니다.

머릿속도 마찬가지입니다. 작은 고민으로 뒤죽박죽 섞인 복잡한 상태가 되지 않도록 정리해야 합니다. 과감하게 털어낼 것은 털어 버리고 머릿속을 깔끔하게 비워 보세요. 이렇게 하면 속이 시원해 질 것입니다. 작은 고민은 훌훌 털어버리는 것이 좋습니다.

작은 고민을 털어버리는 방법은 시간을 들이지 않고 곧바로 해결 하는 것입니다. '자기 전에 30분 동안 결정한다', '보류는 하루만!' 등 자신만의 규칙을 정해놓고 빠르게 결단을 내리세요.

작은 고민에 대한 정리 정돈이 끝나서 머릿속에 여유 공간이 생기 면 중간 크기 이상, 즉 자신에게 매우 중요한 고민과 진지하게 마 주할 수 있습니다.
시간을 들여서 중차대한 고민을 차근차근 생각하려면 사소한 고 민으로 머릿속이 복잡해지지 않도록 평소에 미리 비워두는 것이 좋습니다.

♡ 지키는 용기 마흔아홉 ♡
작은 고민은 뜸 들이지 말고 빠르게 결단을 내려
명쾌한 머릿속을 고수하라

누구나 근심과 걱정이 있는 법,

인생이란 그런 것이니까요

050

'고역이나 짜증 나는 일'은

살다 보면 짜증 나거나 하기 싫은 일이 생깁니다. 계속해서 신경을 곤두세우고 있으면 자율신경의 균형이 깨지고 결과적으로 혈액 순환이 나빠져 심신까지 악영향을 미치지요.

누구나 '제발 그런 일이 없으면 좋겠다'라고 바라겠지만, 유감스럽게도 불가능한 일입니다. 이런 일은 인간이라면 누구에게나 일어나는 숙명입니다.

그렇다면 그런 일이 일어나지 않기를 바라기보다 차라리 대처법을 마련해 두는 편이 현명한 선택이 아닐까요?

다만 이때 반드시 피해야 하는 행동이 있습니다. 바로 '보류하기'와 '뒤로 미루기'입니다.

하기 싫거나 짜증 나는 일을 그대로 방치하면 그 사이에 자율신경은 지속적인 자극으로 균형이 깨지고 심신의 상태마저 망가집니다.

제가 현명한 대처법으로 추천하는 것은 '일단 결론부터 내린다'입니다.

가령 직장에서 마음이 맞지 않는 사람과 같은 부서에서 일하는 것이 고역이라고 합시다. 이때 '그 사람과는 되도록 엮이지 않도록

결론을 내리고 곧바로 버려라

한다', '그 사람의 발언은 듣고 넘긴다', '그 사람이 보내온 연락은 한 번만 확인하고 두 번 다시 확인하지 않는다' 등 일단 결론부터 내놓고 이를 행동으로 옮기는 것입니다.

여기서 중요한 포인트는 '일단'입니다. 근본적인 해결책을 찾으려 애쓰지 말고 '일단 이렇게 한다'는 방침을 정해두는 것이지요. 이것만으로도 충분합니다.
그리고 '일단' 결론을 내려놓은 후에는 '그 이상으로 고민하는 것은 시간 낭비다. 더 이상 생각하지 말자.'라고 마음먹습니다. 결론을 내려놓고 버리는(잊는) 것입니다.

고역이거나 짜증 나는 일에 이런 의식을 갖고 대처하면 자신의 마음을 긍정적인 방향으로 재정비해 나갈 수 있습니다.

♡ 지키는 용기 쉰 ♡
고역이거나 짜증 나는 일은 질질 끌지 말고 '일단' 결론부터 고수하라

051

자율신경을 망가뜨리는

쇼핑이 스트레스 해소에 도움이 된다고 말하는 사람이 적지 않습니다. 그런데 이미 스트레스가 쌓인 상태에서 아무 생각 없이 뭔가를 사는 행위, 즉 충동구매는 결과적으로 자율신경의 균형을 깨뜨립니다.

앞에서 언급했듯이 자율신경에는 교감신경과 부교감신경이 있습니다. 이 두 가지는 하나가 높으면, 다른 하나가 낮아지는 시소와 같은 관계입니다.

충동구매를 하면 일단 흥분과 활동성을 관장하는 교감신경이 단숨에 항진되어 기분이 좋아집니다. 그런데 교감신경이 급격하게 항진되었다는 것은 다른 한편으로 부교감신경이 단숨에 저하되었다는 것을 의미합니다. 이는 신경계의 균형이 깨진 상태입니다. 그러면 우리 몸의 혈액 순환은 악화하고 위장의 움직임도 둔해집니다. 체내 해독력도 떨어져 신체에 노폐물이 쌓입니다.

충동구매를 한 그 순간은 비록 짜릿하고 기분이 좋을지는 몰라도 결국 시간이 지나면 우울감이 찾아오고 스트레스가 높아집니다. 이처럼 충동구매는 우리에게 나쁜 영향을 미칩니다.

또한 충동구매로 산 물건은 따지고 보면 필요해서 산 것이 아니기에 써보지도 않고 처분해야 하는 경우가 꽤 많습니다. 처분할 때도 낭비했다는 죄책감에 또 다른 스트레스에 시달리게 되지요.

따라서 충동구매에서 벗어나려면 '쓸데없는 물건은 일절 사지 않는다', '구매한 물건은 반드시 끝까지 쓴다'라고 마음먹고 명확한 사용 목적에 따라서 물건을 구입해야 합니다.

이렇게 노력했는데도 만일 충동구매로 스트레스를 해소하고 싶어지면 주변의 물건을 정리해 보세요. 정리 정돈은 자율신경의 균형을 회복시켜 주는 효과가 있습니다.

♡ 지키는 용기 쉰하나 ♡
평소 사야 할 것의 리스트를 작성해 명확한 소비 목적을 지켜라

052

기분 전환을 하고 싶을 때는

'기분 전환을 하자'는 생각만으로 스트레스를 해소할 수 있다면 이보다 좋은 방법은 없을 것입니다. 그러나 경험상 뜻대로 되지 않는다는 것을 잘 알 것입니다. 이럴 때는 억지로 '기분 전환을 하자'라고 생각하기보다는 물리적인 수단을 활용해 보세요. 바로 '물건을 버리는 것'입니다.

물건을 버리고 정리하는 행위는 기분 전환은 물론, 일상을 정리하는 개념이라 심신의 안정을 도모할 수 있습니다.

저는 다양한 채널과 매체를 통해서 '스트레스와 같은 심리적 문제는 단순한 심리적 접근만으로 해결하기 어렵다'는 메시지를 전하고 있습니다.

심리적인 불안을 해결하려면 신체 균형을 바로잡거나 주변 물건을 정리하고 버리는 등 심리적인 측면 이외의 접근법을 활용하는 것이 훨씬 더 효과적이고 중요합니다.

'버린다'는 말을 부정적으로 받아들이는 사람도 있는데, 자기 주변을 정리하면 속이 시원해지고 깔끔해진 공간과 마주하면 묘한 설렘마저 듭니다. 물건을 버리고 정리하는 행위는 생활의 활력을 가

물건을 버려라

져다주는 것은 물론 새로운 시작을 위한 매우 긍정적인 습관이라고 생각합니다.

필요 없는 물건에 둘러싸여 생활하면 어쩔 수 없이 그 물건을 볼 수밖에 없고 서서히 스트레스가 쌓입니다. 어쩌면 기분 전환이 뜻대로 되지 않는 이유는 이렇게 정리되지 않은 어수선한 생활환경 때문일지도 모릅니다.

♡ 지키는 용기 쉰둘 ♡
심리적인 불안에는 물리적 정리정돈으로 안정감을 고수하라

053

'현 상황에 대한 답답함'을

사실 저는 소아외과를 전공하고 싶었습니다. 그런데 병원에서 수련의로 일하면서 저보다 훨씬 뛰어난 사람들을 보면서 안타깝게도 '나는 안 되겠구나' 하는 한계에 부딪혔습니다.

그 이후 저는 당시만 해도 대부분의 의사가 관심을 두지 않았던 의료 소송 분야에서 일하는 한편, 그때까지 제가 중점적으로 연구해 왔던 자율신경 분야를 더욱 깊이 파고들었습니다.

사람들은 저에게 '의사라 순조로운 인생을 산다'고 말합니다. 그런데 결코 그렇지 않습니다. 이래 보여도 사연 많은 의사랍니다.

수많은 우여곡절을 겪으며 원치 않는 곤경에 처한 적도 있었지만, 저는 '흘러가는 대로 하자', '거스르지 말자'라는 생각으로 살았습니다. 그리고 '정체하지 말고 내가 지금 있는 곳에서 꽃을 피우자'는 신념을 소중히 여겼습니다.

현재 상황에 이런저런 불만을 토로해 봤자 문제는 해결되지 않습니다. 진퇴양난으로 꽉 막힌 것 같은 답답한 기분은 자율신경의 균형을 깨뜨릴 뿐입니다. 결코 풀리지 않는 문제는 없습니다. 단지 시간이 조금 걸릴 뿐이죠. 그럴 때는 그저 그 답답한 마음을 '일단

버려라

흘러가는 대로 하자'라고 바꿔 보세요. 다른 일에 몰두하다 보면 그렇게 커다란 문제도 조금씩 몸집이 작아져 있을 겁니다. 그리고 생각보다 큰 문제가 아니었음을 깨닫게 됩니다.

일상생활 속에서 반드시 큰 결단을 내릴 필요는 없습니다. 흘러가는 대로 유연하게 따르며 사는 것도 결코 나쁘지 않습니다. 제 인생이 증명하지 않습니까?

♡ 지키는 용기 쉰셋 ♡
일상 속 큰 결단에 구애 없이 흘러가는 대로 유연함을 지켜내라

정체하지 말고,

욕심부리지 말고,

내가 지금 있는 곳에서

꽃을 피우자

054

불안만 조장하는

고소공포증은 높은 장소에 대한 공포를 느끼는 것입니다. 그런데 고소공포증을 가지고 있는 사람은 실제로 높은 장소 자체를 무서워하는 것이 아닙니다. 그들은 이런 상상을 합니다.

'이렇게 높은 곳에서 떨어지면 어떡하지?'

또한 수많은 청중 앞에서 대규모 프레젠테이션을 진행할 때 대부분이 긴장합니다. 입술이 바짝바짝 마르고 말도 더듬게 되지요. 이 역시 프레젠테이션 자체는 긴장을 유발하는 원인이 아닙니다. 집에서 프레젠테이션을 하면 실수 없이 술술 말이 잘 풀리거든요. 그런데 대중 앞에만 서면 다리가 후들거리고 입 안이 바짝바짝 마릅니다. 이는 '만일 실수하면 어떡하지?' 하는 '상상'이 과도한 긴장을 초래하기 때문입니다.

이 둘의 공통점은 바로 '상상'입니다. 따라서 두려움이나 공포, 긴장감 등을 줄이기 위한 가장 좋은 해결책은 '쓸데없는 상상을 하지 않는 것'입니다.

그런데 말이 쉽지 사람인 이상 상상하지 않기란 매우 어렵습니다.

'쓸데없는 상상'을 관둬라

'실수하는 모습을 상상하면 안 된다'라고 생각하면 할수록 오히려 더 의식하게 되고 상상할 수밖에 없습니다.

또한 교감신경이 과도하게 흥분되고 부교감신경이 극도로 낮아진 불균형의 상태에 이르면 점차 패닉 상태에 빠지게 됩니다.

따라서 패닉 상태에 빠지지 않고 진정하려면 자율신경의 균형을 바로잡는 접근이 필요합니다. 이때 중요한 것이 바로 '호흡'입니다. '호흡'은 자율신경의 균형과 밀접한 관련이 있습니다. 천천히 내쉬는 호흡은 부교감신경을 활성화합니다. 그리고 수축되었던 혈관을 이완시켜 양질의 혈액이 온몸 구석구석까지 전달될 수 있도록 해줍니다. 이렇게 되면 우리는 자신의 능력을 충분히 발휘할 수 있습니다. 무섭거나 긴장했을 때 제일 먼저 해야 할 일은 천천히 호흡을 가다듬는 것입니다.

♡ 지키는 용기 쉰넷 ♡
쓸데없는 상상을 버리고 차분한 심호흡으로 안정적인 삶을 고수하라

055

'일단 착수하는'

당신은 뭔가를 새롭게 시작할 때 만반의 준비를 마친 후에 시작하는 편입니까? 아니면 뭐든 좋으니 '일단 착수'하고 보는 편입니까? 후자의 경우 결단력이 좋고 유능한 사람일 수도 있고, 이런 행동을 통해서 우수한 성과를 낼 가능성이 높아질지도 모릅니다. 그러나 성공 확률의 측면에서 냉정하게 따져보면 전자의 경우가 바람직합니다.

'일단 착수하고 보는 경우'는 자율신경의 균형을 깨뜨리기 쉽고, 효율성은 물론 성과도 훨씬 떨어집니다.

축구 시합을 예로 들면, 축구는 120분 동안 승부가 나지 않으면 승부차기를 합니다. 이때 누가 키커를 할 것인지 승부차기 직전에 정하는 팀이 있는데 선수가 입후보하거나 감독이 시합 당일 각 선수의 활약상을 보고 지명하기도 합니다.

그런데 자율신경의 안정을 위해서는 경기 시작 전에 만일 승부차기를 하게 된다면 누가 키커를 할 것인지를 미리 정해두는 편이 좋은 성과를 낼 수 있습니다.

키커로 결정된 선수는 심리적인 측면은 물론 기술적인 측면에서도 시합 전까지 착실하게 준비할 수 있기 때문입니다.

비즈니스 현장에서도 마찬가지입니다. 청중을 충분히 설득하는 프레젠테이션은 사전에 자료를 꼼꼼하게 준비하고, 어떤 질문이 나올지 미리 연습했기에 가능한 것입니다.

'우선 하고 보자'라는 식은 일이 잘 풀릴 확률이 낮습니다. 비즈니스든 운동이든 훌륭한 성과는 심신이 안정된 상태에서 나오는 것입니다.

♡ 지키는 용기 쉰다섯 ♡
꼼꼼한 사전 준비로 좋은 성과를 유지하라

일할 의욕이 없을 때는

아침에 출근했는데 왠지 모르게 불안하고 일할 의욕이 나지 않았던 적이 있을 것입니다. 이럴 때 대개는 심리적인 측면만 살피기 쉬운데 신체적인 변화도 잘 살펴봐야 합니다. 얕은 호흡이 원인일 때가 많기 때문입니다.

저는 이런 상태로는 곧바로 업무를 시작하지 않습니다. 차라리 일을 미루고, 마음의 여유를 갖고 책상 정리를 시작합니다. 이렇게 하면 주변을 정리하는 동안 얕았던 호흡이 저절로 깊어지고 몸의 구석구석까지 깨끗한 혈액이 순환됩니다.

허둥지둥하지 말고 일단 그날의 기분을 차분하게 받아들여 보세요. 그런 후에 한발 물러서 보세요. 그러면 서서히 일할 의욕이 생길 것입니다.

물론 이렇게 했는데도 일하고 싶지 않은 날도 있을 거예요. 그럴 때를 대비해서 제가 추천하는 방법은 '하루 루틴'을 정하는 것입니다. 심적으로 슬럼프에 빠지더라도 하루 루틴이 정해져 있으면 금세 일상으로 복귀할 수 있습니다.

시작할 생각을 버려라

메이저 리그에서 활약하는 일본의 이치로 선수는 타자석에 들어서면 야구방망이를 든 오른손은 투수를 향하도록 하고, 왼손으로는 유니폼 깃을 잡아당기는 루틴이 있는 것으로 유명합니다. 이런 동작을 습관화함으로써 자신의 리듬을 만들어가는 것입니다.

심리적인 슬럼프에 빠졌다면 그날의 루틴을 의식하면서 천천히 그 루틴을 따라가 보세요. 그러면 호흡도 서서히 깊어지고 평소 모습으로 돌아갈 수 있을 것입니다.

♡ 지키는 용기 쉰여섯 ♡
심신을 안정시키는 나만의 루틴을 정해둬라

057

무리한 기분 전환을

우울하거나 부정적인 기분이 들었을 때 긍정적인 방향으로 기분을 전환하는 방법을 몇 가지 앞에서 소개했습니다. 이들 방법이 효과를 발휘해서 기분 전환이 되면 좋겠지만, 경우에 따라서는 아무리 노력해도 별다른 효과를 보지 못할 수도 있습니다.

기분 전환에 실패했다고 스트레스를 받거나 속상해하면 우울감은 오히려 더 깊어집니다. 차라리 기분 전환을 해야겠다는 마음을 과감하게 내려놓아 보세요. 억지로 기분을 바꾸려는 행동이 오히려 심신에 부정적인 영향을 미치므로 시간이 해결해 줄 것을 기다려 보는 것이지요.

대개 '단념하라'고 하면 '더 이상 방법이 없는 거구나…'라며 절망에 빠지는데, 오히려 '단념하고 시간에 맡기자'라고 결정한 순간 우리 몸의 자율신경은 제 자리를 찾기 시작합니다.

누구나 살면서 인간관계, 금전, 직장, 가족, 건강 등 다양한 일로 고민합니다. 고민해서 해결할 수 있는 문제라면 얼마든지 고민하면 되겠지요. 하지만 고민해도 해결되지 않는 문제가 더 많습니다. 이런 문제로 하루 종일 골머리를 앓거나 고민하느라 시간을 낭비하는 것은 건강에 좋지 않습니다. 그야말로 걱정인 사람은 '걱정이 많아 걱정인 사람'입니다.

과감하게 단념하고 시간에 맡기는 행동이 심신의 균형을 유지하는 데 훨씬 더 효과적입니다. 문제에서 벗어나 일정한 거리를 두고 객관적으로 바라보면 해결책이 금세 떠오를 가능성도 높아집니다.

♡ 지키는 용기 쉰일곱 ♡
고민해도 해결되지 않는 문제는 깨끗이 단념하고 시간에 맡겨 심신의 균형을 유지하라

058

대증요법에만

우리는 몸이 아프면 병원에 가서 진단을 받고 약을 처방받습니다. 그리고 그 약을 복용하며 병을 치료하지요. 다만 약을 복용한 후에 증상이 호전된 것처럼 보여도 안심할 수 없는 경우가 있습니다. 투약에 의한 대증요법(병의 원인을 찾아 없애기 곤란한 상황에서, 겉으로 나타난 병의 증상에 대응하여 처치를 하는 치료법)이 만병의 근본적인 해결책은 아니기 때문입니다.

예를 들어 병원에서 간이 좋지 않다는 진단을 받고 간을 보호하는 약을 복용하게 되었다고 합시다. 이때 애초에 간으로 들어오는 혈액의 질이 나쁘면 큰 효과를 기대할 수 없습니다.
또한 혈액은 온몸을 순환하므로 혈액의 질이 나쁘면 간뿐만 아니라 다른 장기에도 이상을 초래할 수 있습니다.
이렇게 이상 증세가 나타날 때마다 대증요법으로 약을 복용하면 과연 완치가 될까요? 이는 근본적인 해결책이 아닙니다.

그렇다면 대증요법 외에 무엇을 하면 좋을까요? 저는 건강을 위한 첫걸음으로 자율신경의 균형을 바로잡아야 한다고 생각합니다. 특히 바쁜 현대 사회에서는 부교감신경의 활성도를 높이는 것이

의지하는 것을 관둬라

중요합니다.

부교감신경을 활성화하는 방법은 여러 가지입니다. 복식호흡을 하거나 좋아하는 음악을 듣거나, 큰 소리로 노래를 부릅니다. 간단하게 찬물로 세수만 해도 부교감신경은 활성화됩니다. 흔히 명상과 요가를 해도 부교감신경이 살아납니다.

이렇게 부교감신경을 활성화하면 우리 몸은 본래 기능과 능력을 되찾고 다양한 증상을 근본부터 해결할 수 있습니다.

♡ 지키는 용기 쉰여덟 ♡
단순 치료가 아닌 질병의 원인을 치료해 자율신경을 안정화하라

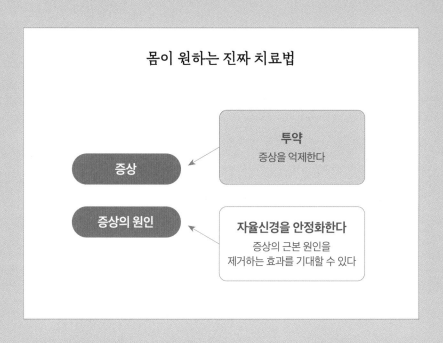

059

턱 없이 높은 장애물을

운동 경기에서 사용하는 '허들hurdle'은 곤란과 역경을 비유하는 말로 자주 사용합니다. 운동선수가 훈련을 통해서 장애물을 뛰어넘는 기술을 연마하는 것처럼, 우리도 여러 번 도전하고 실패를 반복하면서 장애물을 극복하는 요령을 터득해야 합니다.

요령을 터득해서 역경을 극복할 수 있으면 '내가 이렇게 높은 장애물을 어떻게 넘어? 말도 안 돼!' 했던 생각이 '어머 이게 되는구나! 이렇게 낮았었나?'로 바뀌게 됩니다.

'높게만 보였던 장애물을 뛰어넘을 수 있다'는 경험은 매우 중요합니다. 이런 경험을 통해서 '나는 이걸 극복할 수 있게 되었으니 이보다 더한 것도 극복할 수 있어. 괜찮아!'라며 역경에 맞설 수 있는 용기와 자신감을 가질 수 있습니다.

따라서 어떤 일에 도전할 때는 처음부터 장애물을 너무 높게 잡지 말고 성공 체험을 하나씩 천천히 쌓아나가는 것이 좋습니다. 도전도 물론 중요하지만, 무모한 도전은 오히려 독이 될 수 있습니다.

조금 낮은 것부터 도전해서 서서히 장애물의 높이를 올려 나가세요. 그러다 보면 최종적으로 높은 장애물을 뛰어넘을 수 있습니다.

가령 '영어 원서 읽기'라는 목표를 세웠다면 처음부터 두껍고 어려운 소설책부터 시작할 것이 아니라 아동용 그림책이나 그래픽 노블부터 시작하는 거예요. 점차 실력이 늘고 수준이 오르면 최종적으로 소설책을 읽을 수 있게 될 것입니다.

♡ 지키는 용기 쉰아홉 ♡
역경을 극복하는 성공 체험으로 문제 해결의 요령을 고수하라

060

돌이킬 수 없는 것에 대한

사람은 누구나 과거에 자신이 저질렀던 실수를 회상하며 후회합니다. 그런데 이렇게 과거를 되돌아보는 행동에는 '의미 있는 것'과 '의미 없는 것', 두 종류가 있다고 생각합니다.

의미 없는 것은 이제 와 돌이킬 수 없는 것에 대해서 후회만 하는 행동입니다. 업무상 저질렀던 실수나 실패를 곱씹으며 '나는 왜 이렇게 실수만 하지?', '왜 그렇게밖에 못했던 거야!'라며 후회해 봤자 앞으로의 인생에 득 될 것이 하나도 없습니다.

반면 과거를 되돌아보고 '이런 원인으로 실수를 했으니 다음번에는 미리 이렇게 준비하자'라며 앞으로의 대처 방법을 마련한다면 이는 의미 있는 행동일 것입니다.

이제 와 돌이킬 수 없는 일은 고민하지 마세요. 집착해 봤자 자신만 피폐해질 뿐입니다.

'두 번 다시 똑같은 실수를 하지 말자'와 같이 앞으로의 상황에 대한 대비책을 마련하는 것이 더 중요합니다.

또한 이 책의 주제인 '버린다', '관둔다'는 행동은 인생의 새로운 단계로 나아가기 위한 것입니다. 보다 나은 미래를 위해서 '과거를 버린다', '관둔다'는 것이지요.

비록 과거에 물의를 일으키거나 실수를 저질렀어도 그 순간을 되돌아보며 후회할 것이 아니라 그 실수를 계기로 앞으로 어떻게 살아갈 것인지 등 '그 이후'에 초점을 맞추는 것이 중요합니다.

과거에 일어난 일은 바꿀 수 없습니다. 그러나 그 이후의 삶은 자신의 힘으로 어떻게 살아갈지 정할 수 있습니다.

♡ 지키는 용기 예순 ♡
지금 이 시간부터 바꿀 수 있는 것에만 집중하라

061

아이디어를 머릿속에만

자기 일에 열정을 갖고 의욕적으로 임하는 사람은 사적인 시간에도 끊임없이 '좋은 아이디어가 떠올랐다'라며 업무에 대한 생각을 멈추지 않습니다. 자신의 일에 열중할 수 있으니 참 행복한 사람이지요. 다만 한 가지 주의해야 할 점이 있습니다. 머릿속에 아이디어를 쌓아두기만 해서는 결코 좋은 결과를 얻을 수 없다는 점입니다.

아이디어가 머릿속에 계속 쌓이기만 하면 정리되지 않아서 복잡해집니다. 또한 '그때 떠올랐던 ○○아이디어가 있었는데 어떤 거였더라?' 하며 무리해서 떠올리려고 애쓰다 보면 오히려 스트레스가 되기도 합니다.

뭔가를 기억해 내려는데 좀처럼 떠오르지 않아서 생기는 답답함과 초조함 등은 자율신경의 균형을 깨뜨립니다. 좋은 성과를 내기 위한 아이디어가 떠올랐는데 이것이 오히려 자신의 능력을 저하하는 원인으로 작용한다면 안타까운 일이 아닐 수 없습니다.

그렇다면 모처럼 떠오른 아이디어를 어떻게 하면 좋을까요? 해결 방법은 그리 어렵지 않습니다. 아이디어가 떠올랐을 때 곧바로 노

담아두는 것을 관둬라

트나 수첩에 적으면 됩니다.

아이디어를 종이에 적어두면 언제든지 다시 꺼내 볼 수 있고 잊어 버려도 상관없습니다. 아이디어 수첩만 있으면 되니까요.

또한 머릿속이 복잡해질 일도 없고 항상 깔끔하게 정리된 상태를 유지할 수 있습니다. 실제로 아이디어가 좋고 행동력이 뛰어난 사람의 대부분은 '메모광'으로 유명합니다.

주변에 언제든 메모할 수 있는 환경을 만들어 보세요. 물론 스마트폰도 좋은 도구이지만, 메모 앱을 실행해야 하므로 눈에 잘 띄지 않을 때가 많습니다. 대신 메모지를 활용하면 '아, 전에 내가 이런 메모를 해뒀지' 하고 바로 찾아볼 수 있어 더욱 유용합니다.

♡ 지키는 용기 예순하나 ♡
아이디어는 메모로 남기고 머릿속은 깔끔하게!

병원에서 환자와 이야기를 나누다 보면 과거를 돌아보며 '그때가 좋았지요'라며 한숨짓는 사람이 많습니다. 과거를 되돌아보며 '그 때가 좋았다', '그때로 돌아가고 싶다'라고 바라는 마음은 결국 '지 금'의 상황에서 벗어나고 싶고, 현재와 마주하기 싫다는 의미일 것 입니다. 하지만 안타깝게도 타임머신이 개발되지 않는 이상 과거 로 돌아가는 것은 불가능한 일입니다. 아무리 간절히 원해도 과거 는 과거이고, 현재는 현재일 뿐이죠.

반면, '더는 못하겠다. 이제 한계다', '열심히 해봤자 어차피 잘 될 리가 없다', '분명 실패할 것이다'라며 미래를 비관하는 사람도 있 습니다. 비관해서 상황이 나아지면 좋겠지만, 해결은커녕 오히려 눈앞에 캄캄하고 어두운 미래만 떠오를 뿐입니다.

이처럼 과거에 집착하거나 미래에 대한 불안을 느끼는 경향은 나 이를 먹을수록 더 심해진다고 하는데 저는 이런 분들에게 한 가지 방법을 추천하고 싶습니다.
'즐겁고 좋았던 시절의 사진을 버리는 것'입니다. 과거의 추억을 정 리하려면 큰 용기가 필요한데 일단 한번 해보세요. 과거를 정리하면 마음속에 새로운 공간이 생길 것입니다. 그 공간에 '미래의 사진'을 그려 넣어 보세요.

그리고 자신의 시선을 큰 용기를 내어 미래로 돌렸으니 불안한 마음도 함께 버리세요. '비관하지 않고 내 손으로 미래를 만들어 나가겠다'는 자세로 '미래의 사진'을 그리는 것입니다. '다음에는 ○○에 가보고 싶다', '이런 일을 직업으로 가졌으면 좋겠다' 등 '밝고 희망찬 사진'을 그려 넣으면 설렘으로 가득 찬 나날을 보낼 수 있습니다.

♡ 지키는 용기 예순둘 ♡
과거의 추억에 매달리지 말고 밝은 미래를 만들어라

　　　　　　　인생의 변환점을

성년, 환갑, 칠순 등 인생에는 나이에 따른 절기가 있습니다. 어떤
이는 생일날 '나도 이제 마흔이군' 하며 생각에 잠기기도 하고, 어
떤 이는 '서른 살 되기 전에 결혼해야지', '쉰에는 과장으로 승진하
고 싶다' 등 앞자리가 바뀌는 해를 기준으로 목표를 설정하기도 합
니다.

나이 외에 취직이나 결혼, 자녀의 생일 등을 계기로 '인생의 다음
단계로 진입했다'라며 삶의 변화를 실감하는 사람도 있습니다.

이런 변환점을 맞이하는 시기에 우리는 일종의 성취감 같은 것을
느낍니다.

연말연시도 마찬가지입니다. '올 한 해도 무탈하게 잘 지냈다' 하는
성취감을 느끼게 하는 효과가 있습니다.

그런데 저는 이런 변환점을 기념하거나 크게 의식하지 않는 것이
좋다고 생각합니다. 의식하지 않아야 매일을 담담하게, 평온하게
지낼 수 있기 때문입니다.

평소 루틴과 습관을 중시하면서 차곡차곡 일상을 쌓아나가면 자
율신경의 균형을 유지할 수 있고 심신의 안정도 지킬 수 있습니다.

너무 의식하지 마라

물론 '마흔까지는 ○○을 하겠다' 등 목표를 설정하고 이를 동기 부여로 삼는 것은 나쁘지 않습니다. 그러나 '목표 달성'에 집착하는 것은 '번아웃(탈진) 증후군'에 빠질 수 있으므로 주의해야 합니다.

인생의 변환점을 기준으로 목표를 설정하고 그것을 향해서 매진하는 것도 중요하지만 건강을 위해서는 끊임없이 이어지는 일상을 소중히 여기는 것 또한 잊어서는 안 됩니다.

♡ 지키는 용기 예순셋 ♡
일상을 담담하게, 평온하게 지내는 것이 건강의 비결!

064

'효율성'에 대한

비즈니스 현장에서는 뭐든지 '효율'을 우선합니다. 높은 효율성을 절대적인 정의인 것마냥 강조하고 떠들어대는 경우가 많습니다. 효율적으로 일하는 사람이 높은 평가를 받는 조직도 많을 것입니다. 그런데 이처럼 효율을 중시하는 '효율 절대주의'는 현대 직장인의 자율신경을 무참히 망가뜨립니다. '더 빠르게', '더 이상 낭비 없이'라며 높은 효율을 추구하면 할수록 심신의 부담은 커지고 교감신경을 강하게 자극합니다.

앞에서 현대 사회에서 많은 사람이 부교감신경보다 교감신경이 높다고 언급했는데 그 배경에는 이 같은 문제도 있습니다.
부교감신경보다 교감신경이 높은 상태가 지속되면 업무 능률이 현저히 떨어집니다.
주변을 둘러보면 '효율'을 외치며 항상 바삐 사무실을 걸어 다니거나 키보드를 타닥타닥 정신 없이 치면서 일하는 사람이 있을 것입니다. 이들은 어떤가요? 일을 잘하는 편인가요? 아마도 못 하는 편일 것입니다.

이렇게 말하면 믿을지 모르겠지만 업무 측면에서 큰 성과를 올리

집착을 버려라

는 사람일수록 동작이 느립니다. 말도 천천히 차분하게 하고 발소리도 얌전합니다. 그들은 느리다기보다는 '여유가 있다'라고 바꾸어 말할 수 있겠군요.

정신없이 바빠서 '많은 일을 어떡하든 잘하고 싶다'는 생각이 든다면 그때야말로 속도를 늦추고 천천히 심호흡하면서 차분하게 움직이려고 노력해야 합니다.

처음에는 힘들겠지만 그렇게 하면 저하되었던 부교감신경이 활성화되면서 결과적으로 업무 성과가 좋아질 것입니다.

♡ 지키는 용기 예순넷 ♡
'바쁠수록 돌아가라'는 속담처럼 일상 속 느긋함을 유지하라

과거에 일어난 일은 바꿀 수 없습니다

그러나 그 이후의 삶은

자신의 힘으로 정할 수 있습니다

065

모든 일에

우리는 '전력투구全力投球'라는 말을 항상 긍정적으로 받아들입니다. 하지만 모든 일에 전력투구하다 보면 결국 지치고 말게 됩니다. 그 대신 '바로 이거다', '지금이다' 할 때 전력을 다하고 나머지 일에는 어느 정도 힘을 빼는 '선택과 집중'이 필요합니다.

저는 평소에는 60~70퍼센트 정도의 힘만 쓸 것을 권합니다. 중요한 때를 위해서 나머지 힘을 비축할 수 있고 '이만큼 전력을 다했는데 이것밖에 성과를 못 냈다', '최선을 다했는데 좋은 평가를 받지 못했다' 등 자신이 기대한 만큼의 결과가 나오지 않아서 실망하는 일도 피할 수 있습니다. 60~70퍼센트의 힘이라면 '그런 거 아니겠어?'라며 편하게 상황을 받아들일 수 있지요.

살다 보면 우리 인생에는 다양한 상황이 펼쳐집니다. '지금은 전력투구할 가치가 있다', '지금은 60~70퍼센트 정도의 힘이면 충분하다' 등 적절한 판단을 내려야 합니다. 한발 물러나 냉정하게 바라보면 의외로 대부분의 일이 60~70퍼센트 정도의 힘으로 대응해도 별문제 없다는 사실을 깨닫게 될 것입니다.

전력투구하는 것을 관둬라

'60~70퍼센트 정도의 힘으로 임하라'는 것은 바꾸어 말하면 '적당히 힘을 빼라'는 의미이기도 합니다. '힘을 빼다=대충'이라고 생각하는 사람도 있는데 '힘의 배분을 조절한다'가 맞습니다. 60~70퍼센트의 힘으로 임했기에 만일의 사태가 벌어졌을 때 나머지 힘을 발휘할 수 있으니까요.

직장에서 혹은 일상에서 '죽을 만큼 힘들다', '금세 지치고 만다'라고 느끼는 사람은 힘의 배분을 적절하게 하지 못했기 때문입니다. 힘의 배분을 다시 한번 점검해 보세요. 전력투구하는 방법을 바꾸면 일상이 편안해질 것입니다.

♡ 지키는 용기 예순다섯 ♡
대부분의 일을 60~70퍼센트의 힘으로 고수하라

066

'좋은 스트레스'까지

스트레스를 받으면 우리는 어떻게 하든 그 스트레스를 해소하려고 합니다. 혹은 '스트레스가 하나도 없었으면 좋겠다'라며 스트레스 자체가 없는 인생을 동경하기도 합니다.

실제로 요즘 젊은이들은 '싫으면 빨리 이직하면 된다'라며 '스트레스 제로'를 표방하는 삶의 방식을 택하는 경향이 강합니다.
물론 머릿속을 맴도는 부정적인 생각이나 우리의 몸과 마음을 지치게 만드는 스트레스는 큰 문제입니다.
그러나 모든 스트레스가 나쁘다고 단언할 수는 없습니다. '좋은 스트레스'라는 것도 틀림없이 존재합니다. 또한 스트레스가 완벽하게 사라지면 교감신경이 항진되기 어려워 오히려 자율신경이 균형을 되찾기 힘들 수 있습니다.

저는 의사로서 지금까지 여러 종류의 스트레스에 시달리며 살아왔습니다. 그런데 제가 만일 의사라는 직업을 택하지 않았다면 지금의 제가 느끼는 만족은 얻지 못했을 거라고 생각합니다. 결과적으로 의사로서 제가 느꼈던 스트레스는 제 인생에 필요한 '좋은 스트레스'였던 셈입니다.

버리지 마라

나쁜 스트레스는 우리의 몸과 마음을 병들게 하지만 좋은 스트레스는 성장과 발전에 기여합니다. 어느 정도의 긴장과 자극이 있어야 삶에 활력이 생기거든요. 따라서 스트레스가 느껴진다면 일단 자신의 성장을 위해서 필요한 스트레스인지 자문해 보세요.

필요하다고 판단되면 받아들이고, 불필요하다면 철저하게 자신을 지키는 행동으로 스트레스를 날려 버리세요.

♡ 지키는 용기 예순여섯 ♡
삶의 질적 성장과 자율신경에 도움을 주는 좋은 스트레스를 지켜라

067

걱정과 고민을 부정적으로

많은 이가 '걱정과 고민이 없다면 행복할 거'라고 생각합니다. 실제로 걱정과 고민으로 머리가 아프고 속이 시끄러울 때 '이것만 사라진다면 얼마나 좋을까' 하고 바라는 사람이 많을 것입니다. 그런데 걱정거리가 하나도 없다면 어떨까요? 연약한 인간으로 전락하고 말 것입니다.

앞에서 언급했던 좋은 스트레스와 마찬가지로 걱정과 고민도 자신의 성장과 발전을 위한 기회를 제공해 준다고 생각할 수 있습니다.

성공한 사람은 항상 뭔가를 고민합니다. 눈앞의 걱정과 고민을 극복하면서 그때마다 성장하고 이런 과정을 하나씩 겪으면서 지금의 지위에 오른 것이지요.

걱정과 고민을 극복한 후 우리의 눈앞에는 항상 새로운 발견과 성공이 기다립니다.

이렇게 생각하면 걱정과 고민을 부정적으로 바라볼 필요가 없겠지요? '지금의 고민을 극복하고 나면 인생의 새로운 단계로 진입할 것이다'라는 기대감을 품고 긍정적으로 생각해 보세요.

이렇게 할 수 있는 사람은 '현명한 고민 방식을 갖췄을 것'입니다.

여기는 것을 관둬라

자기 눈앞의 걱정과 고민이 어떤 종류인지에 따라서 어떻게 대처하면 좋을지 파악하고 있기 때문이죠.

> '이런 고민이라면 그 사람에게 상담받으면 힌트를 얻을 수 있겠다'
> '전에 겪었던 고민과 비슷하니 그때 썼던 해결 방법이 참고가 될 것이다'

이렇게 전략적으로 대처 방법을 생각하고 이를 해결할 수 있습니다. 그야말로 '고민법의 달인'이 아닐 수 없습니다.

어느 날 갑자기 '고민법의 달인'이 되기는 어렵겠지만 일단 걱정과 고민을 부정적으로 바라보는 버릇을 없애 보세요. 그런 버릇을 없애면 자신을 변화시킬 수 있습니다.

♡ 지키는 용기 예순일곱 ♡
고민과 걱정을 긍정적으로 받아들여 성공을 고수하라

고민은 우리를 단단하게

다듬는 시간,

성장의 또 다른 이름이다

068

타인에 대한 지나친 관심과

점심시간이나 회식 자리에서 동료와 직장 상사에 대한 험담을 하면 스트레스가 풀린다고 말하는 사람이 적지 않습니다. 물론 그 순간에는 십 년 묵은 체증이 쑥 내려가듯 속이 시원할 것입니다. 그런데 실제로 많은 사람이 상상하는 것 이상으로 험담은 스트레스를 해소해 주기보다 우리의 몸과 마음에 나쁜 영향을 미칩니다.

일단 아무리 싫은 사람에 대한 험담이라도 마음속 어딘가에 '나쁜 말을 해버렸다'는 후회가 남습니다. 이것이 또 다른 스트레스로 작용하여 교감신경을 과도하게 자극합니다.
또한 험담한 사람은 노화가 빠르게 진행되어 장수할 수 없다는 연구 결과도 있습니다.

인간의 염색체 끝에 '텔로미어telomere'라는 것이 있는데 이는 '장수 유전자'라고 불리며 이것의 길이가 세포의 노화와 수명을 결정짓는다고 합니다.
놀라운 사실은 험담을 하면 이 텔로미어의 길이가 짧아져 오래 살 수 없다는 것입니다. 이와 반대로 다른 사람의 행복을 떠올리거나 바라면 텔로미어의 길이가 길어진다고 합니다.

험담을 관둬라

심신에 미치는 나쁜 영향만이 아니라 험담을 하면 다른 사람에게 신뢰를 얻기 어렵습니다. '저 사람은 나에 대한 험담도 누군가에게 하겠구나' 하며 불안해서 그 사람을 신뢰하지 못하는 것이지요. 반대로 험담을 일절 하지 않는 사람은 주위 사람에게 신뢰는 물론 존경까지 받을 수 있습니다.

험담하면 그 순간 속이 시원할지는 몰라도 결과적으로 우리의 몸과 마음은 물론 인간관계에 나쁜 영향을 미칩니다. 그러니 이로울 것이 하나 없습니다.

♡ 지키는 용기 예순여덟 ♡
험담 습관을 버리고 텔로미어의 길이를 유지하라

069

분노를 억누르는 것을

살다 보면 누구나 분노의 감정을 느낍니다. 당연한 일이지요. 그런데 앞에서 언급했듯이 이런 분노의 감정은 자율신경에 부정적인 영향을 미칩니다.

그렇다고 모든 분노의 감정이 반드시 나쁜 것만은 아닙니다. 이런 감정을 계기로 탄력을 받아서 뭔가를 해야겠다는 의욕이 생기기도 하니까요. 다만 피해야 할 행동이 있습니다.
이렇게 복받쳐 오르는 분노의 감정을 다른 감정으로 바꾸려는 시도입니다. 분노의 감정을 무리해서 억누르는 것은 자신의 속마음을 억누르는 것이고 이는 큰 스트레스를 초래합니다.

그래서 저는 분노의 감정을 억누르지 않고 마주하는 방법을 적극 추천합니다.
일기에 그날에 느낀 분노의 감정에 대해서 쓰는 거예요. 복받쳐 오른 감정을 자신에게 이야기하듯 솔직하게 순서대로 적어보는 것입니다.

분노를 느낀 순간과 시간 차를 두고 일기를 쓰면 객관적으로 그때의 상황을 분석할 수 있습니다. 이렇게 한발 물러서서 상황을 분석하면 자기 나름의 해결책도 찾을 수 있고 서서히 분노의 감정을 통제할 수도 있습니다.

분노는 시간이 흐르면 잦아드는 감정입니다. 당시에는 세상을 부술 듯이 화가 났지만, 지나고 나면 불타올랐던 화가 물에 젖은 솜처럼 납작하게 가라앉아 있을 겁니다. 그럴 때 감정을 달래는 방법으로 '메모'를 해 나가면 상황이 자연스럽게 정리됩니다.

절대로 분노와 화를 억지로 참으려 하지 마세요. 대신 시간 차를 두고 마치 기자가 되어 상황을 정리하듯이 써 내려가면 객관적으로 그때의 일을 분석할 수 있습니다.

♡ 지키는 용기 예순아홉 ♡
분노를 객관적으로 분석한 '분노 일기'로 일상의 평화를 지켜라

070

'분명 잘 될 거야'라는

당신은 낙관적인 사람입니까? 아니면 비관적인 사람입니까?

가령 몇 개월 후에 자격시험을 친다고 합시다. 시험에 대비해서 계획을 세우고 매일 열심히 공부하겠지요?

이때 만일 낙관적인 사람이라면 '이렇게 공부했으니 분명 시험에 붙을 거야!'라고 생각하는 반면, 비관적인 사람은 '이렇게 공부했다고 해서 반드시 붙으리라는 보장은 없어!'라고 생각할 것입니다.

낙관적인 성격과 비관적인 성격을 비교할 때 어느 쪽이 더 낫다고 '우열'을 따질 수는 없지만, 낙관적인 사람이 심리적으로 안정된 상태를 유지하기 쉬운 것은 사실입니다.

'나는 분명 시험에 붙을 것이다'라고 생각하는 사람은 틀림없는 낙관주의자입니다.

그런데 '나는 어쩌면 떨어질 것이다'라고 생각하는 낙관주의자도 있습니다.

시험에 낙방할 것이라고 예상하지만 그 결과를 심각하게 받아들이지 않는 것이지요. 일종의 변형된 낙관주의자입니다.

실제로 제가 이런 유형의 낙관주의자인데 '시험에 떨어지는 것은 당연한 일이다. 그러니 붙지 않아도 괜찮다. 아무 문제 없다'라고

생각을 버려라

생각합니다.

뭔가 새로운 것에 도전할 때 이런 유형의 낙관주의도 나쁘지 않습니다. 기본적으로 '잘 되지 않아도 괜찮다'는 생각으로 임하기에 괜한 압박이나 부담에서 자유로울 수 있기 때문입니다.

다만 중요한 것은 도전에 최선을 다해야 한다는 점입니다.

'잘되지 않아도 괜찮다'고 대충 해도 되는 것은 아닙니다. 결과에 집착하거나 허황된 기대를 걸지 않을 뿐 설렁설렁해도 괜찮다는 것은 아니니까요.

낙관주의에도 여러 유형이 있으니 자신에게 맞는 유형을 택해서 성과 향상에 도움이 될 수 있도록 합시다.

♡ 지키는 용기 일흔 ♡

비관적인 상황도 늘 대비해 놓는 낙관적 사고를 고수하라

— 휴식을 취하는 리듬은 사람마다 다릅니다. 하루 종일 쉬
는 일정이 오히려 생활의 리듬을 깨는 사람은 주말에 메
일을 확인하는 가벼운 업무를 보는 것이 좋습니다.

— 뒤로 미루는 버릇이 있는 사람은 자신이 좋아하는 일이
라도 좋으니 머릿속에 떠오른 것을 곧바로 행동으로 옮
겨 보세요.

— 충동구매는 잠시 잠깐의 스트레스 해소에는 도움이 될
지 모릅니다. 하지만 결과적으로 자율신경을 망가뜨리
는 부작용을 낳습니다. 스트레스 해소에는 자율신경의
안정을 도모하는 '정리 정돈'을 추천합니다.

— '급할수록 돌아가라'는 속담처럼 서두를 때야말로 '천천
히 일하려고' 노력해야 합니다. 그러면 자율신경이 안정
되고 작업 능률이 향상됩니다.

— 스트레스라고 해서 모두 다 나쁜 것은 아닙니다. 좋은 스
트레스도 있습니다. 자신의 성장과 발전에 도움이 된다
고 판단된 스트레스는 긍정적인 자세로 마주해 보세요.

4장

식사에 대한
상식을 버려라

아침 식사를 거르는

최근에 바쁘다는 핑계로, 살을 뺀다는 이유로 아침 식사를 거르는 것을 당연시하는 사람이 늘고 있습니다. 아침 식사는 하루에 쓸 에너지원을 섭취한다는 의미에서 매우 중요합니다.

아침 식사를 거르면 자율신경이 제 기능을 못합니다. 밤사이 위는 비어 있는데, 식사를 걸렀으니 혈액 순환이 제대로 될 리 없습니다. 그러면 당연히 혈액이 두뇌로 돌지 않아 머리가 멍해지고, 이런 상태로 허둥지둥 하루를 시작하니 자율신경의 균형은 엉망진창이 되고 마는 것이지요.

자율신경은 일단 한 번 균형이 깨지면 회복하는 데 시간이 걸립니다. 온전치 못한 컨디션으로 하루를 시작하면 자신의 능력을 충분히 발휘하기는커녕 생각지도 못했던 실수를 연발하게 됩니다. 따라서 아침부터 자신의 능력을 최대치로 끌어올리고 싶다면 아침밥을 꼭 챙겨 먹어야 합니다.

하루 세 번, 적당량의 식사를 규칙적으로 챙겨 먹으면 위장에 적당한 자극을 주고, 혈액이 온몸의 세포에 원활하게 전달되어 자율신경의 균형을 유지하는 데 도움이 됩니다.

혈액이 뇌에 원활하게 전달되면 업무 효율성도 높아집니다. 특히 수족냉증이나 저혈압인 사람이 아침밥을 챙겨 먹으면 온몸 구석구석까지 혈액이 순환되어 체온이 올라가고 몸을 따뜻하게 데울 수 있습니다. 그러니 절대 거르지 않기 바랍니다. 거창하게 드시라는 게 아닙니다. 삶은 계란 한 개, 견과류 몇 줌으로도 충분히 체력 유지가 가능합니다.

아침밥을 잘 챙겨 먹었을 때의 가장 큰 장점은 '삶에 여유가 생긴다'는 점입니다. 정신없이 허둥지둥 보내기 쉬운 아침 시간에 적어도 10~15분 동안 식탁에 앉아서 아침밥을 맛있게 먹는 시간을 만들어 보세요.

특히 욱하거나 짜증을 자주 내는, 즉 교감신경이 항진되기 쉬운 사람에게 추천합니다. 짧지만 평온하게 보내는 시간을 확보하면 불안하거나 초조하게 하루를 시작하는 것을 막을 수 있고, 자신의 능률 향상은 물론 인간관계에서 오는 스트레스까지 개선할 수 있습니다.

♡ 지키는 용기 일흔하나 ♡
한 끼의 든든한 아침밥으로 자율신경의 안정화와
능률 향상을 고수하라

채소 껍질이나 심은

건강한 식생활을 위한 식재료로 '채소'를 빠뜨릴 수 없습니다. 그런데 혹시 채소를 섭취할 때 껍질을 깎거나 심을 제거하고 먹습니까? 그렇다면 가장 핵심이 되는 부분을 버리고 먹는 겁니다.

실제로 무나 뿌리채소의 밑둥, 당근 껍질, 양배추나 브로콜리의 심처럼 무심코 잘라버리기 쉬운 부분에 영양분이 풍부합니다. 만일 이런 부분을 제거하고 먹는다면 아까우니 앞으로는 버리지 않도록 합시다.

무나 당근은 깨끗하게 씻은 후에 껍질째 요리해 보세요. 졸이거나 국을 끓일 때 넣으면 재료 본연의 맛을 즐길 수 있습니다. 예를 들어 무의 이파리는 잘게 썰어서 참기름과 간장, 미림 등을 넣고 볶으면 훌륭한 밑반찬으로 변신이 가능합니다. 식어도 맛있어서 도시락 반찬으로도 활용할 수 있습니다.

양배추나 브로콜리의 심처럼 딱딱한 부분은 푹 삶거나 뭉근하게 조리면 부드러워져 맛있게 먹을 수 있습니다.

만일 일반 조리법으로 먹기 힘든 채소라면 믹서에 갈아서 카레에 넣거나 우유와 함께 끓여 수프를 만들어 보세요. 다른 채소나 과일, 꿀 등과 함께 믹서에 갈면 영양 만점인 스무디도 만들 수 있습니다. 이처럼 어떻게 섭취할지 여러 방법을 궁리하다 보면 조리법도 풍부해지고 먹는 즐거움은 물론 아깝게 버리는 부분도 줄일 수 있습니다.

다만 채소를 통째로 먹을 경우 딱딱한 심 부분은 '잘 씹어야' 합니다. 꼭꼭 씹으려면 얼굴 근육을 움직여야 해서 표정이 부드러워지는 좋은 점도 있습니다.
또한 표정이 부드러워지면 자율신경이 안정되고 천천히 워킹하는 것과 동일한 효과까지 얻을 수 있답니다.

♡ 지키는 용기 일흔둘 ♡
채소를 껍질째 먹고 건강을 유지하라

073

시간이 없다며

우리는 왜 늘 아침이나 저녁을 먹을 때와 달리 점심을 먹고 나면 병든 새처럼 꾸벅꾸벅 고개를 떨굴까요? 이 역시 교감과 부교감 신경과 상관이 있습니다.

바쁘게 일하는 사람들 대부분이 점심을 간단히 때우거나 후다닥 해치우듯 먹습니다. 조금이라도 시간을 절약하고 싶은 것은 이해가 갑니다. 하지만 업무 효율성의 측면에서 따져보면 역효과입니다.

점심 식사를 빨리하면 오전 중에 가장 높은 교감신경의 움직임이 더욱 활성화됩니다. 그리고 이후 체내로 들어온 음식물을 장기가 소화하기 시작하면 이번에는 부교감신경이 갑자기 활성화됩니다. 이로 인해서 자율신경의 균형이 깨지는 것은 물론 부교감신경의 활성화로 졸음이 몰려오는 악순환에 빠지게 됩니다.

빨리 먹는 것도 좋지 않지만 배부르게 먹는 것도 문제입니다. 점심의 식사량은 아무래도 아침보다 많습니다. 이 많은 것을 소화하려다 보니 졸음이 몰려오게 되는 것이죠.

그러니 완전히 배부른 상태가 되기 전, 80퍼센트 정도 찰 만큼만 천천히 꼭꼭 씹어 먹는 것이 좋습니다. 음식을 꼭꼭 씹어 먹으면 부교감신경이 서서히 활성화되는 효과가 있어서 식후 졸림을 막을 수 있습니다.

또한 점심 식사 전에 300~500ml의 물을 천천히 마시는 것도 효과적입니다. 이렇게 하면 체내 장기가 움직이기 시작하면서 미리 부교감신경의 활동을 높일 수 있으므로 식후에 급격하게 상승하는 것을 어느 정도 완화할 수 있습니다.

이런 방법을 시도했는데도 만일 졸린다면 일부러 교감신경을 활성화하고 집중력을 높이는 방법이 있습니다. 짧은 시간 단위로 끊어서 일하는 겁니다. 중간중간 휴식을 취하면서 짧은 시간이라도 집중하면 긴 시간을 의미 없이 낭비하는 것보다 결과적으로 효율이 좋아집니다.

또한 의욕 저하나 집중이 잘 되지 않을 때는 책상, 서랍 등 주변 정리를 해보세요. 가능하다면 약 20분 정도로 시간을 정해서 정리하면 좋습니다. 시간 단위로 끊으면 자극이 늘어나 자연스럽게 머리도 맑아집니다.

♡ 지키는 용기 일흔셋 ♡

후다닥, 빨리빨리 삼키는 식사는 금물, 여유로운 식사 시간을 유지하라

074

부드러운 음식만

TV에서 방영하는 맛집 프로그램을 보면 출연자가 부드러운 음식을 극찬하는 모습을 자주 볼 수 있습니다. '입안에서 살살 녹는다', '야들야들하다', '고기가 부드럽고 육즙이 팡팡 터진다' 등 호들갑을 떨면서 부드러운 음식을 칭찬하지요.

그런데 부드러운 음식을 선호하는 식습관은 경계해야 합니다. 부드러운 음식만 섭취하면 씹는 힘이 약해집니다.
구강 기능이 약해진 상태를 '오럴 프레일oral frail'이라고 하는데 이렇게 구강 기능이 저하되면 먹을 수 있는 음식의 선택지가 좁아질 수밖에 없고, 결국 영양 불균형과 심신의 기능 저하를 초래합니다.

씹는 힘은 인지저하증(치매)과도 관련이 있다고 합니다. 끼니마다 음식을 꼭꼭 씹는 행위는 뇌를 자극하여 인지저하증을 예방할 수 있습니다. 그런데 노인 중에는 치아가 노화돼 틀니를 낀 분들이 많죠. 그러면 당연히 식사할 때 씹는 횟수가 적어지게 됩니다. 그리고 결국 이것이 치매로 이어질 확률이 높죠.

우리 몸의 건강은 씹는 것과 밀접한 관련이 있습니다.

섭취하는 것을 관둬라

꼭꼭 씹으면 '타액의 양이 늘어서 바이러스를 방어할 수 있다', '호르몬 분비를 촉진한다', '자율신경의 균형을 유지한다', '장내 환경이 좋아진다' 등과 같은 건강 효과를 기대할 수 있다고 합니다.

자율신경을 유지하기 위해서는 일정한 리듬으로 씹는 것이 효과적입니다. 천천히 시간을 들여서 꼭꼭 씹어 먹으면 자율신경이 안정화됩니다. 부드러운 음식을 꿀떡꿀떡 삼키며 빨리 먹어서는 불가능한 일입니다.

♡ 지키는 용기 일흔넷 ♡
천천히, 여유 있게 씹는 저작운동을 강화해 치매를 예방하라

075

'~하면서 먹는'

〈고독한 미식가〉라는 드라마를 아십니까? 일본의 인기 드라마로
주인공이 식사를 즐기는 모습을 보여줍니다. 저는 이 드라마를 좋
아하는데 그 이유 중 하나는 주인공이 음식과 마주하는 순간이 참
인상적이기 때문입니다.

주인공은 독백을 통해 음식의 맛을 세심하게 표현하며, 한입 한입
진지하게 음미합니다. TV나 스마트폰을 보며 대충 먹는 '~하면서
먹는 습관'과는 완전히 다른 모습이지요.

'~하면서 먹는 습관'을 버리면 '마음 챙김mindfullness'의 효과를 얻을
수 있습니다.
'마음 챙김'이란 최근에 주목받고 있는 심리 요법으로 명상을 통해
서 과거나 미래가 아닌 '현재'에 집중할 수 있도록 도와줍니다.
〈고독한 미식가〉의 주인공이 그렇습니다. 과거나 미래에 대한 걱
정없이 오로지 눈앞의 음식에만 집중합니다. 마음 챙김 그 자체입
니다.

주인공은 식사를 하면서 독백을 하는데 저는 이런 극적인 장치 또

한 마음에 듭니다. 자신이 즐기고 있는 음식에 대해서 생중계로 말하니 머릿속 잡념이 사라지고, 먹는 속도도 빨라지지 않습니다. 천천히 음미할 수 있지요.

천천히 먹으면 씹는 횟수가 늘어납니다. 씹는 행위의 중요성은 앞에서도 언급했습니다. 씹는 횟수가 늘어나면 바이러스나 세균의 침입을 막을 수 있고 자율신경 또한 안정화됩니다.

무엇보다 '~하면서 먹는 습관'을 버리면 음식의 참맛을 즐길 수 있습니다. 다양한 건강 효과를 얻을 수 있는 것은 물론 식사하는 즐거움을 통해서 스트레스까지 줄일 수 있습니다.

♡ 지키는 용기 일흔다섯 ♡
먹는 행위, 그 자체에 집중하라!

076

'맛없는' 식사를

'건강 유지나 다이어트를 위해서 맛있는 음식이 있어도 참고 무리하게 식사를 제한한다', '몸에 좋다니까 안 좋아하는 음식을 맛없어도 참고 먹는다' 등 이런 식습관은 결국 몸에 나쁜 영향을 미칩니다. 아무리 몸에 좋은 것이라도 '맛이 없으면' 오히려 스트레스로 작용하여 장내 환경과 혈액 순환의 악화로 이어집니다. 또한 자율신경의 균형도 무너지고 말지요.

식사는 즐거워야 합니다. '먹는 즐거움'이라는 말도 있지 않습니까? 좋아하는 음식을 즐기거나 친한 친구, 가족, 동료와 맛있는 것을 공유하고 그 시간을 유쾌하게, 행복하게, 풍요롭게 보내야 합니다. 이를 무시하고 유행하는 다이어트 식단을 지킨다며 맛있는 디저트나 좋아하는 빵, 분식 등 탄수화물을 피하고, 먹고 싶지 않은 것을 무리해서 먹는 제한적인 식사야말로 '제2의 뇌'라 불리는 장腸에 나쁜 영향을 미칩니다.

'장'은 자율신경의 움직임과 정신적인 영향을 직접 받는 기관입니다. 업무 부담이나 인간관계로 인한 스트레스 등이 변비와 설사를 유발하는 것도 장이 큰 충격을 받고 있다는 증거입니다.

또한 장이 나빠지면 부교감신경이 저하되어 혈관이 수축하고 혈액 순환이 원활하지 않습니다. 그러면 체내 기관과 세포까지 나빠져 몸 전체에 심각한 영향을 미칠 수도 있습니다.

가뜩이나 스트레스에 노출되기 쉬운 현대 사회에 즐거워야 할 식사마저 제한을 두고 스스로에게 스트레스를 부과하는 것은 비정상이라고 생각합니다.
맛있고 풍요로운 식사야말로 스트레스를 해소해 주고 자율신경의 균형을 유지해 주는 진정한 의미에서의 건강한 식사법이라고 할 수 있습니다.

♡ 지키는 용기 일흔여섯 ♡
맛있는 식사는 건강을 유지하기 위한 가장 중요한 포인트다!

077

장내 환경을 망치는

오후 업무에 필요한 에너지를 보충하려면 점심 식사가 중요합니다. 그런데 많은 사람이 식사 후 장 건강을 해치는 습관을 가지고 있습니다.

점심 식사를 한 후에 식당을 나오면 커피 전문점 앞에 긴 꼬리를 문 행렬을 심심치 않게 볼 수 있습니다. 이들은 저마다 한 손에 커다란 커피를 들고 있는데요. 그중에서도 특히 계절에 관계없이 아이스 커피를 물처럼 마시는 분들이 많습니다.

한겨울에도 아랑곳하지 않고 차가운 커피를 벌컥벌컥 마시는 것이죠. 이러면 장내 유익균들이 많이 사멸하게 됩니다.

이뿐 아니라 온갖 설탕과 감미료가 첨가된 주스도 마찬가지입니다. 식후, 마치 하나의 의식처럼 카페에 들러 대용량의 달달한 음료를 습관처럼 즐기는 분들이 있는데 이와 같은 가공식품은 첨가물이 많아 장내 미생물의 균형을 망칠 수 있습니다.

이런 음식은 유익균보다 해로운 세균을 증가시키는 경향이 있습니다. 그러니 식후 버릇처럼 들르던 카페 방문을 중단하시기 바랍

니다. 오후 시간이 허전하다면 차라리 견과류나 핑거 푸드처럼 채
소를 챙겨 드시는 것이 좋습니다.

점심 식사 때뿐만 아니라 모든 식사에는 균형 잡힌 식단을 유지해
야 유익균의 번식을 돕고 장 건강을 개선할 수 있습니다.
또 발효식품(요구르트, 김치 등)을 꾸준히 섭취하는 것도 중요합니
다. 가공식품과 공산품을 줄이면 장내 염증을 예방하는 데도 효과
적입니다.

건강한 식단은 장내 세균 다양성을 유지하는 데 핵심적입니다. 따
라서 가공식품 섭취를 최소화하고 자연식품 위주로 식사하세요.

♡ 지키는 용기 일흔일곱 ♡
올바른 식습관으로 장내 유익균을 보호하라!

식사 후의 졸음이나 피로를 막는 포인트

'배가 80퍼센트 찰 정도만' 먹는다

꼭꼭 씹으면서 천천히 먹는다

장내 환경을 바로잡는다

078

'탄수화물 제로 다이어트'를

쌀 이외에 밀가루가 원료인 빵과 우동, 떡볶이 등 탄수화물을 일절 섭취하지 않고 감량하는 '탄수화물 제로 다이어트 방법'이 있습니다. 저는 이 방법을 절대 추천하지 않습니다. 만일 이 방법으로 감량하고자 한다면 주치의와 반드시 상담해야 합니다.

탄수화물을 어느 정도 줄이는 것은 괜찮지만 극도로 제한하거나 아예 섭취하지 않는 식단은 처음에는 살이 빠져도 결국은 지방이 타지 않는 체질로 변하여 역효과를 불러옵니다. 또한 신체에도 심각한 손상이 발생할 수 있습니다.

탄수화물이 고갈되면 체내에 필요한 영양소를 흡수하는 데 반드시 필요한 글리코겐이 부족해집니다. 이렇게 되면 우리 몸은 이를 보충하려고 간에 심한 부담을 가합니다. 만일 이런 상태가 오랫동안 지속되면 권태감, 식욕 부진, 구토 등 만성 간염 증상이 나타날 수 있습니다.

탄수화물은 신체를 움직이기 위한 에너지원입니다. 피곤하거나 체력이 떨어졌을 때 기력을 되찾을 수 있도록 도와주는 것이 바로

쌀, 빵과 같은 '주식'입니다. 물론 끼니마다 탄수화물을 과하게 섭취하면 당질 과다로 체중 조절이 힘들지만, 탄수화물을 아예 끊는 것은 건강에 좋지 않을 뿐만 아니라 체력 저하로도 이어집니다.

뭐든지 극단적인 제한이나 절제, 억제는 좋지 않습니다. 'OOO는 빼고 먹기', '△△만 먹기'와 같은 다이어트 식단이나 불균형한 식습관을 피하고 요령껏 하루 세 끼를 잘 배분해서 균형 잡힌 식사를 할 수 있도록 노력해야 합니다.

또한 먹는 순서를 바꿔보는 등 자신에게 잘 맞는 최적의 식사법을 찾아보세요.

♡ 지키는 용기 일흔여덟 ♡
하루 세 끼 영양분을 잘 분배해 체내 탄수화물 함량을 지켜라!

079

건강보조제 섭취를

직업이나 생활 여건상 균형 잡힌 식사가 어려운 경우라면 필요한 영양소를 건강보조제나 보조식품을 통해서 보충하는 것도 방법입니다.

다만 주의해야 할 점이 있습니다. '안이하게 먹거나 마시지 않는 것'입니다. 특히 건강보조제는 아무 제품이나 쉽게 먹어서는 안 됩니다. 자세히 알아보고 먹어야 합니다.

가령 시중가보다 터무니없이 저렴하거나 해외에서 수입된 제품은 각별히 주의해야 합니다. 또한 성분 표시가 불명확하거나 혼합 첨가물이 들어간 제품도 꼼꼼히 따져봐야 합니다. 특히 수입 제품은 현지 사람에게 잘 맞는다고 해서 반드시 우리에게도 잘 맞으리라는 보장이 없습니다. 자칫 잘못하면 간에 무리가 생기는 등 이상 증상이 나타날 위험성도 있습니다.

또한 세 끼 식사로 영양 섭취가 이미 충분한데 무턱대고 건강보조제를 찾는 것도 좋지 않습니다. 과유불급이라고 과용하면 반대로 건강을 해칠 수 있습니다. 건강보조제나 보조식품은 어디까지나 부족한 영양소를 보충하기 위한 것임을 잊지 말아야 합니다.

가장 안전한 음용 방법은 근처 병원을 찾아가서 의사와 상담하고 적절한 지시를 따르는 것입니다. 자신의 몸에 부족한 영양소를 전문의에게 진단받고 어떤 방법으로 보충하면 좋을지 상담하면 안전하면서도 적합한 제품을 섭취할 수 있습니다.

또한 건강보조제나 보조식품을 섭취할 때 일단 장내 환경을 바로잡는 것이 중요 포인트입니다. 아무리 효과가 좋은 건강보조제라도 장내 환경이 나쁘면 유효 성분이 흡수되지 않아서 큰 효과를 기대할 수 없습니다.

하루 세 끼 균형 잡힌 식사를 하고 장내 환경을 바로잡는 것이 제일 먼저 해야 할 일입니다. 이렇게 했는데도 만일 부족한 영양소가 있다면 그때 적절한 건강보조제나 보조식품을 섭취해도 늦지 않습니다.

♡ 지키는 용기 일흔아홉 ♡
영양보조제가 아닌 균형 잡힌 식사로 장내 유익한 환경을 유지하라

080

찬 음료수를

냉기는 건강의 최대 적으로 특히 위장에 좋지 않습니다. 찬 음료수를 마시면 위장이 차가워지고 온몸에 나쁜 영향을 미칠 수 있습니다.

일단 위장이 차가워지면 혈액의 흐름이 둔화되어 혈행 부진과 연동 운동의 저하가 일어납니다. 이렇게 되면 장내 유해균이 증가하여 장내 환경이 점점 악화되고 변비가 생기기 쉽습니다. 또한 교감 신경이 과도하게 항진되어 불안, 초조, 피로, 권태 등 다양한 증상이 나타나기도 합니다.

이뿐만이 아닙니다. 위장이 차가워지면 정신 건강에도 좋지 않습니다. 행복과 관련된 세로토닌 등 행복 물질은 95퍼센트 이상이 위의 점막에서 분비되는데, 찬 음료수를 마시면 위장이 차가워져 행복 물질의 분비량이 현저히 떨어집니다. 이는 불안과 무기력 등을 초래하는 원인이 됩니다.

혹시 '동계 우울증'이라는 말을 들어본 적이 있습니까? 계절에 따라서 나타나는 우울 증세인데 추위로 위장이 차가워진 것이 원인으로 지목되고 있습니다.

심신의 기능을 최적의 상태로 유지하려면 위장을 잘 달래고 소중히 다뤄야 합니다. 찬 음료수를 벌컥벌컥 마시는 것은 되도록 삼가세요. 따뜻한 음료로 위장을 따뜻하게 보호하는 것이 장내 환경을 바로잡는 요령입니다.

음료수 외에 식사도 되도록 따뜻한 음식을 섭취하는 것이 바람직합니다. 물론 무더운 여름이 찾아오면 메밀국수나 냉면처럼 찬 음식이 당기기 마련이지요. 이럴 때는 식사 후의 마무리로 따뜻한 물이나 차를 마셔 주세요. 위장을 따뜻하게 보호할 수 있습니다.

♡ 지키는 용기 여든 ♡
따뜻한 음료로 심신의 컨디션을 유지하라

081

'식욕이 없는데

건강을 위해서는 하루에 세 번 균형 잡힌 식사가 기본입니다. 그런데 종종 '식욕 없는 날'이 찾아옵니다. 당연한 일입니다. 다만 이때 확인해야 할 것이 하나 있습니다. 식욕이 없는 이유입니다. 몸 상태가 좋지 않아서 식욕이 없는 것인지 아니면 걱정과 고민이 있어서 식욕이 없는 것인지 말입니다.

전자의 경우 만일 식욕이 없는 상태가 5~7일 정도 지속된다면 발병의 가능성이 있으니 반드시 병원에 가서 진료를 받아야 합니다. 반면, 후자의 경우 만일 의사인 저를 찾아왔다면 '무리해서 먹지 않아도 괜찮다'라고 조언할 것입니다. 1~2일 정도 먹지 않았다고 건강에 큰 문제가 되지는 않습니다.

다만 한 가지 '무리해서'라는 대목에 주목해야 합니다. 걱정이나 고민이 있어서 식욕이 없을 뿐인데 '매일 잘 먹어야 한다'는 강박관념에 쫓기다 보면 심신에 오히려 좋지 않습니다.
지금은 자신이 '아무것도 먹고 싶지 않은 상태'라는 것을 인정하고 식욕이 회복되어 입맛이 돌아오기를 기다리는 것이 좋습니다.

무리해서 먹는 것'을 관둬라

저는 수면 상담을 진행할 때도 똑같이 조언합니다. 며칠 동안 수면을 취하지 못했다면 병원에 가서 진료를 받아야 하지만, '한밤중에 여러 번 깨서 푹 자지 못했다' 정도라면 걱정하지 않아도 됩니다. 이때는 '잠이 오지 않아도 누워서 몸을 쉬게 한다'라고 생각해 보세요. 식사와 마찬가지로 '아침까지 푹 자야 한다'는 강박관념은 심신에 좋지 않습니다.

'매 끼니를 잘 챙겨 먹어야 한다', '매일 푹 자야 한다'는 강박관념에서 벗어나 지금의 상태를 있는 그대로 받아들이는 것도 건강을 유지하는 방법 중 하나입니다.

♡ 지키는 용기 여든하나 ♡
'잘 먹어야 한다'는 강박을 버리고 현 상태를 그대로 받아들여라

—— 채소는 껍질, 심 등에 영양분이 많습니다. 뭉근하게 졸이거나 갈아서 수프에 넣어 보세요. 또는 다른 채소와 함께 믹서에 갈아서 건강 스무디를 만들어 보세요. 아까운 부분을 버리지 않아서 좋고 맛있게 먹을 수 있어서 좋습니다.

—— 시간을 절약하려고 점심 식사를 빨리 먹으면 식후에 졸음이 밀려와 오후 업무 능률이 떨어집니다. 천천히 꼭꼭 씹어 먹고 식후의 졸음을 쫓아냅시다.

—— 부드러운 음식만 먹으면 씹는 힘이 약해져 영양 불균형과 인지저하증을 초래합니다. 딱딱한 것을 꼭꼭 씹어 먹는 습관을 들여 건강을 유지합시다.

—— '~하면서 먹는 습관'을 버리고 식사와 마주하면 '지금'에 집중하는 마음 챙김의 효과를 기대할 수 있습니다. 또한 천천히 음식을 음미하면서 꼭꼭 씹어 먹을 수도 있습니다.

—— 걱정과 고민 등 정신적인 스트레스로 식욕이 없을 때는 무리해서 먹지 않아도 괜찮습니다. '식사를 꼭 해야 한다'는 강박관념이 오히려 심신에 나쁜 영향을 미칩니다.

5장
인간관계를
버리다

082

'다른 사람이

혹시 '다른 사람에게 인기가 많으면 좋겠다', '다른 사람이 나를 좋게 봐주면 좋겠다'라고 바라며 살고 있습니까? 이는 자기중심이 아닌 타인 중심의 삶입니다. 실제로 이런 행동과 바람은 스트레스의 가장 큰 주범입니다.

최근에는 소셜 네트워크SNS의 보급으로 타인의 좋은 평가든 나쁜 평가든 여과 없이 그대로 전달됩니다. 얼굴도 이름도 모르는 제삼자에게 호감을 사거나 좋은 평가를 받고 싶어서 소셜 네트워크에 포스팅을 올리는 행동도 '나를 좋아해 줬으면 하는 바람'에서 나온 것입니다.

저는 운동선수와 문화인, 유명 인사들과 교류하는 기회가 있는데 이들 가운데 정신력이 강한 사람은 공통적으로 '타인의 험담을 신경 쓰지 않는다'는 점을 발견했습니다.

유명 인사가 되면 많은 사람에게 사랑받는 한편 악플과 험담에 시달리는 경우가 많습니다. 이때 일면식도 없는 사람의 말에 일일이 반응한다면 끝이 없겠지요?

이들 중에는 '자신을 좋게 봐주는 사람이 있으니 나쁘게 보는 사람

좋아해 주길 바라는 것'을 버려라

이 있는 것은 당연하다'라고 생각하는 사람이 많습니다. 이런 자세
와 가치관을 더 많은 사람이 가졌으면 합니다.

남에게 호감을 사려는 행동만으로도 이미 스트레스인데 자신을
비난하고 싫어하는 사람까지 신경 쓴다면 이는 더 큰 스트레스를
초래할 뿐입니다. 그런 사람에게 휘둘리거나 호감을 사려고 노력
하려는 행동은 그만두어야 합니다.

처음에는 어렵겠지만 계속 하다 보면 이런 자세와 가치관이 스트
레스를 줄이는 최선의 방법임을 깨닫게 될 것입니다. '남에게 호감
을 사고 싶다', '나를 좋게 봐줬으면 한다'는 바람을 깨끗하게 버리
세요. 어디를 가든 나를 좋아하는 사람과 싫어하는 사람은 생길 수
밖에 없습니다.

♡ 지키는 용기 여든둘 ♡
호감, 비호감을 모두 포용해 마음의 안정을 유지하라

083

'고맙다'고 말하지 못하는

살면서 스트레스를 줄이려면 일단 주변의 인간관계를 재점검해 봐야 합니다. 스트레스 중 90퍼센트 이상이 인간관계에서 기인하기 때문입니다.

냉정하게 말해서 인간관계로 고민하는 것은 바보 같은 행동입니다. 당신이 '저 사람은 왜 나한테 이러는 걸까?' 하고 고민할 때 정작 그 사람은 어떨까요? 아무 일도 없었다는 듯이 잘 지낼 것입니다. 상대방은 아무렇지 않고 신경조차 쓰지 않는데 당신 혼자만 스트레스를 받고 심각하게 고민한다고 생각해 보세요. 너무나도 불공평한 일입니다.

따라서 스트레스를 줄이기 위해서라도 우리는 교제를 지속할 상대를 신중하게 선택해야 합니다.

인간관계를 재점검할 때 '그동안 이 사람과 만났을 때 즐거웠는지', '신경이 쓰였는지' 등을 기준으로 앞으로의 만남을 이어나갈지 말지를 따져보는 것이 좋습니다.

제 경우에는 '고맙다', '감사하다'는 인사를 할 수 있는지를 기준으로 상대방을 파악하고 만남을 이어나갈지 말지를 결정합니다.

상대방이 자신을 위해서 뭔가를 해줬는데 '고맙다'는 말 한마디를

사람과의 교제를 관둬라

안 하는 사람이 있습니다. 딱히 '고맙다'는 인사가 듣고 싶어서 한 일은 아니지만, 사람인지라 서운한 마음이 들기 마련이지요. 그렇다고 주변 사람에게 '그 사람은 고맙다는 인사를 하지 않는다'라고 하소연해 봤자 득이 될 것은 하나 없습니다. 오히려 인간관계에 불필요한 잡음만 생길 뿐입니다.

그렇다면 상대방에게 '왜 고맙다는 말 한마디가 없는 거야?'라고 핀잔을 주면 상대방이 나아질까요? 저는 기대하기 어렵다고 봅니다. 이럴 때는 차라리 하소연과 핀잔을 그만두고 그와의 인연을 그것으로 마무리하면 됩니다.

우리는 가끔씩 내 주변의 인간관계를 재점검하는 것이 반드시 필요합니다. 불필요한 스트레스를 줄이기 위해서는 필수입니다.

♡ 지키는 용기 여든셋 ♡

자신만의 기준으로 인간관계를 새롭게 정립하라

대하기 힘든 사람과

인간관계에서 '이 사람은 대하기 어렵다', '이 사람과 함께 있으면 피곤하다', '엮이고 싶지 않다' 등 누구나 이런 감정을 느낀 적이 있을 것입니다. 이런 사람과 만나는 시간은 스트레스로 다가올 뿐만 아니라 직장의 경우 의욕 상실과 능률 저하를 초래하는 등 좋은 점이 별로 없습니다.

아무 이유 없이 대하기 어렵고 꺼려지는 사람이 있다면 되도록 그 사람과 만나는 시간을 줄여야 합니다. 업무상 어쩔 수 없이 만나야 하는 경우라면 메일이나 채팅 등 텍스트 커뮤니케이션을 활용하고, 점심 식사나 회식 자리에서 가까이 앉지 않는 등 직접 만나는 빈도를 줄여야 합니다. 이렇게 '물리적으로 거리를 둔다'를 의식하면 그 사람에 대한 자신의 포지션이 명확해져 어느 정도 스트레스에서 벗어날 수 있습니다.

그런데 대부분이 대하기 어렵거나 꺼려지는 사람과 '어떻게 하면 원활하게 의사소통할 수 있을까?'를 고민합니다. 이런 사고방식으로는 오히려 그런 사람과 보내야 하는 시간만 늘어날 뿐입니다. 스트레스 또한 점점 더 커지지요. 또한 그 사람의 눈치를 살피거나

대면하는 시간을 버려라

비위를 맞추는 자신의 모습에 짜증이 날 수도 있습니다.

따라서 '그런 사람과 어떻게 의사소통할 것인가' 혹은 '그 사람을 어떻게 대할 것인가' 하는 대처법은 더 이상 하지 마십시오. 그 대신 '어떻게 하면 덜 마주치고 덜 만날 수 있을까'를 생각해야 합니다. 이것이 훨씬 중요합니다.

다만 이때 한 가지 주의해야 할 점이 있습니다. 상대방의 눈치나 주변 분위기에 휩쓸리지 않는 것입니다. 주변 분위기를 신경 쓰다가 결국 대하기 어려운 사람과 함께 있어야 하는 시간이 늘어나는 경우가 생기기 때문입니다.

상대방의 눈치 따위 보지 말고 주변 분위기가 어떻든 신경 쓰지 않는 자세가 중요합니다. 이런 자세와 마음가짐이 대하기 어려운 사람과 되도록 얽이지 않기 위한 가장 효과적인 방법입니다.

♡ 지키는 용기 여든넷 ♡
'어떻게 대할 것인가'보다 접점을 줄이고, 자신만의 태도를 고수하라

085

스트레스를 주는

인간은 정확하지 않거나 애매모호한 것, 자신의 힘으로 통제할 수 없는 것에 '불안'을 느끼는 존재입니다. 그리고 이런 불안이야말로 자율신경을 망가뜨리는 최대의 적이라 해도 과언이 아닙니다.

사람이 불안을 느끼기 쉬운 상황 중의 하나가 바로 '연애'입니다. 연인과 다투고 둘 사이에 냉랭한 분위기가 조성되면 가슴이 꽉 막힌 것처럼 답답해집니다. 연인에게 연락이 오지 않으면 안절부절못합니다. 또 상대가 기분이 별로인 것 같은데 왜 그런지 이유를 알 수 없는 등 연애를 할 때는 자신의 힘으로 통제할 수 없는 상황이 발생합니다. 자율신경의 균형을 깨뜨리는 요소가 곳곳에 포진해 있는 것이지요.

이렇게 말하면 '그럼 연애를 하지 말라는 건가요?'라며 반론을 제기하는 사람도 있을 것입니다. 물론 연애는 삶에 활력을 주고 연인끼리 서로 위로하고 격려하는 등 좋은 점도 많습니다. 그런데 '연애하는 사람'과 '연애하지 않는 사람'을 비교해 보면 '연애하는 사람'이 좋은 의미에서든 나쁜 의미에서든 압도적으로 자율신경의 균형이 깨지기 쉬운 것이 사실입니다. 이점을 알았으면 합니다.

또한 연애할 때 행복하기보다 스트레스를 더 심하게 받는다면 그런 연애는 관두는 것이 좋습니다. 연인과 데이트하는 것이 힘들거나 가치관이 맞지 않거나 연락이 닿지 않는 일이 잦아서 하루 종일 좌불안석하는 등 불안을 조성하는 관계는 자율신경을 망가뜨리므로 경계해야 합니다.

사랑을 하지 말라는 뜻이 아닙니다. 연인과 적당한 거리를 유지하거나 연락하는 시간을 정해두는 등 자율신경의 균형을 잘 유지할 수 있는, 그리고 되도록 불안을 느끼지 않는 나만의 연애 방법을 찾아보세요.

♡ 지키는 용기 여든다섯 ♡
연인과는 적당한 거리를 두어 나만의 시간을 확보하라

086

불필요한 인간관계를

우리가 느끼는 스트레스 중 거의 90퍼센트가 인간관계에서 기인한다고 합니다. 인간관계에 대한 고민과 걱정을 줄이면 매일 느끼는 스트레스의 절반 이상을 해소할 수 있다는 의미입니다.

스트레스를 줄이고 자율신경을 바로잡기 위해서는 불필요한 인간관계를 과감하게 잘라내고 정리할 것을 추천합니다.
'어떤 사람과의 교제가 자신에게 의미 있는지', '진정 필요한 관계인지', '그 사람과의 관계를 유지하려고 무리하게 애쓰거나 참고 있는 것은 아닌지' 등을 자문하면서 '인간관계를 정리'해 보세요. 특히, 연말연시처럼 한 해를 마무리하고 새롭게 시작하는 시기에 주변 관계를 정리해 보는 것을 추천합니다.

일반적으로 생활환경과 생활 방식의 변화에 따라서 교제해야 하는 사람이 달라집니다. 이를 전제로 '이 인간관계가 나에게 진정으로 필요한 것인가'를 곰곰이 생각해 보세요. 무의미한 인간관계에 시간을 할애할 바에야 하고 싶은 일이나 취미 활동에 시간을 쓰는 것이 자율신경의 안정은 물론 삶에 유익한 시간이 될 것입니다.

과감하게 버려라

또한 비즈니스에서도 '인간관계'는 떼려야 뗄 수 없는 문제이지요. 흔히 사업을 하려면 '인맥이 중요하다'고 하는데 '스트레스를 감수하면서까지 유지해야 할 정도로 중요한 인맥인지'를 잘 생각해 보세요. 물론 문어발식으로 인맥을 넓혀서 자신의 사회적 지위로 내세우는 사람들도 있습니다. 하지만 비즈니스에서 중요한 것은 자신의 자존심을 높여주는 인맥이 아닌, 자존감을 높여주는 소중한 인맥입니다.

인간관계는 설령 그 수가 적더라도 마음이 통하는 소중한 사람과 돈독한 유대감을 형성할 수 있는 관계여야 합니다. 그래야 스트레스 받지 않는 내실 있는 삶을 누릴 수 있습니다.

♡ 지키는 용기 여든여섯 ♡
나의 자존감을 높여주는 소중한 인맥을 지켜내라

'고맙다' '감사하다'는

인사를 기준으로 상대방을

파악하고 만남을 결정합니다

현대 사회는 스마트폰의 보급으로 전화나 메일, 채팅 앱 등을 통해서 쉽게 연락을 취할 수 있습니다. 이런 시대이다 보니 어떤 이는 대하기 어렵거나 꺼려지는 사람과 적절한 거리를 유지하기 힘들다고 하소연합니다.

당신은 별로 엮이고 싶지 않은 사람에게 연락이 오면 어떻게 합니까? 바로 받는 편입니까? 스마트폰 화면에 그 사람의 이름이 뜬 것만 봐도 자율신경이 크게 요동치는 사람도 있을 것입니다. 대하기 어렵고 꺼려지는 사람에게 연락이 왔을 때는 곧바로 받지 말고 일단 호흡을 가다듬고 마음을 가라앉혀 보세요. 심호흡으로 마음을 진정시킨 후 그와 대화를 하면 어느 정도 스트레스를 낮춘 상태에서 대응할 수 있습니다.

또한 전화나 메일, 채팅 앱 등을 통해 연락할 때는 '상대방 중심'이 아니라 '자기 중심'의 자세를 가지는 것이 중요합니다. 상대의 상황에 맞추려 애쓰기보다, 내 상황에 맞춰 연락한다고 생각하는 것만으로도 마음의 여유를 가질 수 있습니다.

연락은 바로 받지 마라

전화나 소셜 네트워크, 채팅 앱 등을 자주 사용하는 경우에는 연락을 하는 시간과 받는 시간을 정해두세요. 특히 휴가 중일 때는 '부재중 연락에 답을 할지 말지'를 정해두는 것이 좋습니다.

제 경우에는 환자로부터 연락이 오면 휴가일지라도 그 자리에서 바로 연락을 하지만 중요도와 긴박함이 높지 않은 안건은 휴가 기간에는 연락하지 않도록 하고 있습니다.

대하기 어렵거나 엮이고 싶지 않은 사람에게 연락이 왔을 때는 곧바로 받지 않는 것이 좋습니다. 자신의 상황에 맞추어 그 사람에게 내가 연락하기 편한 타이밍을 스스로 정하는 것이 중요합니다.

♡ 지키는 용기 여든일곱 ♡

대하기 힘든 사람과의 원활한 소통을 위해 심호흡으로
평정을 유지하라

088

'타인에 대한 과도한 기대'를

자율신경 분야를 연구하는 사람으로서 꼭 하고 싶은 말이 있습니다. '타인에게 기대하는 것'은 자율신경을 크게 요동치게 만드는 요인 중 하나라는 점입니다.

'연로한 부모님을 돌보고 있는데 뭘 해도 불만만 말한다', '육아와 가사를 병행하느라 힘들어 죽겠는데 남편은 전혀 고마워하지 않는다', '부하직원에게 일을 맡겼는데 기대한 만큼 성과가 나오지 않아서 실망이다' 등 타인에게 기대를 걸었다가 자율신경의 균형이 깨지고 스트레스를 받는 사람을 여러 번 목격했습니다.

육아, 일과 관련된 고민과 걱정은 물리적인 부담을 더는 것도 중요합니다. 그러나 여기서 저는 '정신적인 부담을 받지 않는 방법'을 소개하고자 합니다. 바로 '상대방에게 큰 기대를 걸지 않기로 한다'입니다. 이렇게 말하면 냉정하다고 생각할지 모르지만 기대를 '걸지 않는다'가 아니라 기대를 걸지 '않기로 한다'에 주목해야 합니다.

상대방의 말이나 행동이 신경에 거슬리고 짜증이 나거나 화가 치밀어 오를 때 '상대방에게 기대를 걸지 않기로 한다'를 떠올리고 천천천히 호흡을 가다듬어 보세요. 이렇게 하는 것만으로 마음이 한결 편해지는 효과를 볼 수 있습니다.

자율신경의 균형을 바로잡는 데는 여러 가지 방법이 있습니다. 이들의 공통점은 '스스로 통제할 수 없는 일은 깊이 생각하지 않는다'입니다. 자신이 아닌 다른 사람은 통제하기 어렵습니다. 이를 두고 걱정하거나 고민한다면 그 시간이 너무 아깝습니다.

가령 '고맙다는 인사를 할지 말지'는 상대방의 결정에 따라서 다르지만 '상대방이 고맙다는 인사를 해주지 않아서 상처받느냐 받지 않느냐'는 본인의 마음이므로 스스로 통제할 수 있습니다. '상대방에게 기대를 걸지 않기로 한다'를 의식하고 자율신경의 균형이 깨지는 일이 없도록 합시다.

♡ 지키는 용기 여든여덟 ♡
타인에 대한 기대를 버리고 감정의 평정을 유지하라

089

늘 언짢은 태도를 보이는

회사나 모임, 커뮤니티에서 언짢은 태도를 보이는 사람이 종종 있습니다. 이런 태도로 상대방을 제압하거나 위축시켜 자신이 원하는 방향으로 이끌려는 의도가 숨어 있는 경우도 있습니다.

이때 당신이 언짢은 기분으로 그 자리를 참아낼 수밖에 없는 이유는 주변 사람들이 그런 행동을 눈감아 주기 때문입니다. 마치 어린아이처럼 어리광을 부리고 있는 것이지요. 하지만 그런 사람들도 중요한 거래처와의 상담이나 첫 만남 혹은 여러 상사가 모인 회식 자리에서는 언짢은 태도를 보이지 않습니다. 그런데 이렇게 주변 사람들이 봐주는 환경에 익숙해진다면 행복한 미래는 찾아오지 않을 것입니다.

항상 언짢은 태도라 일일이 비위를 맞춰야 하는 상사와 항상 활기가 넘치고 긍정의 아이콘으로 주변 사람들이 효율적으로 일할 수 있도록 배려하는 상사가 있다고 합시다. 어떤 사람이 바람직한 상사일까요? 당연히 후자겠지요. 전자는 상사라는 직함과 지위를 잃었을 때 주변에 그 누구도 그를 따르지 않을 것입니다. 직장에서 멀어지면 외로운 인생이 그를 기다릴 뿐입니다.

상대와의 관계를 버려라

또한 언짢은 태도를 눈감아 주는 환경에 익숙해진 당사자는 '뭘 해도 봐준다'는 생각에 상대방에 대한 기대가 높습니다. 이렇게 되면 막상 자신이 바랐던 대로 일이 풀리지 않았을 때 '왜 ○○를 안 해주는 거야!'라며 불만과 분노를 터뜨립니다. 이렇게 시종일관 언짢은 태도로 살면 스트레스만 쌓이고, 불필요한 갈등과 어려운 기회가 계속해서 늘어날 뿐입니다.

상대방에게 기대하지 말고 자신의 기분은 스스로 챙기면서 밝고 온화하게 살아간다면, 스트레스 제로인 인생이 당신에게 찾아올 것입니다.

♡ 지키는 용기 여든아홉 ♡
주위 환경에 기대지 말고 자신의 기분은 스스로 챙겨라

다른 사람을 통제하는 건 어렵습니다

이를 두고 걱정하거나 고민한다면

그 시간이 너무 아깝습니다

자신이 지금까지 쌓아온 업적이나 직함, 지위 등을 상대방이 묻지도 않았는데 크게 떠벌리는 사람이 있습니다. '나는 이렇게나 대단하다'라며 자신을 잘 보이고 싶은 것이지요.

그런데 이런 행동이 얼마나 효과가 있을까요? 이런 유형의 사람과 만나서 이런 말을 들었을 때 '대단하군!' 하고 감탄하는 경우는 많지 않습니다. 대개 '그 사람은 자랑하는 걸 좋아하나 봐' 정도에서 끝나지요.

유감스럽게도 자신을 떠벌리고 자랑하는 행동은 오히려 '원래 자신의 능력 이상으로 대단해 보이고 싶다'는 속마음을 간파당하는 역효과를 냅니다.

다른 사람과의 의사소통 과정에서 불필요한 마찰을 피하려면 자신을 떠벌리지 않는 편이 좋습니다. 가령 골프 실력이 '어느 정도 되느냐?'는 질문을 받았을 때 실제 스코어보다 더 높게 말한다고 해서 좋은 인상을 남기지 않습니다. 오히려 잘난 척하는 것으로 비춰질 수 있습니다. 실제로 '다음에 같이 치러 가자'는 상황이 생기면 오히려 부끄럽고 난처한 상황에 처할 수도 있습니다. 그러므로

떠벌리는 것을 관둬라

자신에 대한 질문을 받았을 때는 '실력을 자랑할 기회'라고 생각하지 말고 무난하게 답하는 것이 가장 좋습니다.

또한 원래 실력 이상으로 부풀려 말하면 상대방의 기대치를 높이는 단점도 있습니다. 가령 자신의 단골 맛집에 지인을 데리고 갈 때 '세상에서 제일 맛있는 일식집이다'라고 떠벌리면 상대방의 기대치가 쓸데없이 높아져 '그 정도로 맛있지는 않았다'는 평가를 받을 수도 있습니다. 이처럼 크게 떠벌리면 실력 이하의 이미지를 줄 뿐입니다.

자신의 실력을 보여줄 기회가 찾아왔을 때는 그 실력을 알아보는 사람이 분명 있을 것입니다. 아는 사람은 아는 법입니다. 그러니 쓸데없이 자신의 실력을 크게 부풀리거나 떠벌리지 않도록 합시다.

♡ 지키는 용기 아흔 ♡
원활한 인간관계를 위해 겸손을 유지하라

'주변 분위기를 살피는 행동'은 일본인에게 공통으로 나타나는 특징인데 최근 들어 특히 그렇게 행동하는 사람이 더 많아졌습니다. 그 원인으로 교육 환경이나 일본 특유의 가치관을 꼽을 수 있는데요. 유능한 사람 중에는 주변 분위기에 아랑곳하지 않고 오히려 둔한 사람이 많습니다.

'주변 분위기를 살핀다'를 당연시하면 타인의 평가를 신경 쓰는 '타인 위주'의 삶의 방식에 익숙해집니다. 이런 삶의 방식은 타인의 평가에 휘둘리기 쉬워서 항상 불안에 떨 수밖에 없습니다. 뭐든지 의심하는 것이지요.

이런 상태가 지속되면 자율신경이 균형을 잃고 망가지는 것은 물론 심리적인 균형까지 무너지고 맙니다. 특히 험담이나 소문은 그 말을 내뱉은 사람이 자신의 스트레스를 해소하기 위해서 취한 행동일 뿐인데 이를 진심으로 받아들이고 고민하는 사람이 있습니다. 저는 이보다 더 바보 같은 행동은 없다고 생각합니다.

성공을 거둔 사람은 '험담에 휘둘리는 것만큼 쓸데없는 짓은 없다'

를 잘 알고 있기에 타인의 평가에 좌우되지 않고 주변 분위기에도 큰 관심을 두지 않습니다. 이렇게 말하면 '자기밖에 모르는 자기중심적인 사람이 아닌가?'라고 오해하기 쉬운데 그렇지 않습니다.

유능한 사람은 타인에 대한 배려심이 깊고 정중합니다. 자신에게 소중한 사람은 진심으로 대합니다. 그래서 '타인의 무책임한 평가에 휘둘리지 않는다'는 신념이 매우 중요한 것입니다.

이런 신념이 확고하면 인간관계도 좋아집니다. 유유상종이라고 하지 않습니까? 자율신경의 균형이 비슷한 사람끼리 자연스럽게 모이게 마련이고, 자율신경이 불안정한 사람 곁에는 균형 잡힌 사람이 오래 머물지 않기 때문입니다.

의식적으로 '주변 분위기를 너무 살피지 않도록' 하고 무책임한 사람들의 평가에 휘둘리지 마세요. 이렇게 하면 자율신경의 균형을 바로잡을 수 있고 긍정적인 인간관계를 만들어 나갈 수 있습니다.

♡ 지키는 용기 아흔하나 ♡
자신의 중심을 바로 세워, 더 나은 인간관계를 유지하라

092

언제까지나 동일한 위치에

어느 정도 나이를 먹으면 아랫사람이 성장해서 올라옵니다. 예전에 지도했던 부하직원이 기대 이상으로 뛰어난 능력을 발휘하고 좋은 성과를 거두는 경우도 있습니다.

이때 자신의 자리를 사수하려고 필사적으로 몸부림치는 사람이 있는데 결코 좋게 보이지 않습니다. 후배에게, 다음 세대에게 자리를 물려줄 줄 알아야 합니다.

물론 지금까지 열심히 쌓아온 소중한 자리이니만큼 그 자리를 내주는 데 반감이 들 수도 있습니다. 하지만 다음 세대에게 내어줘야 새로운 자리로 옮겨갈 수 있다고 생각해야 합니다. 이런 사고방식을 가져야 다음 세대에게 자신의 자리를 넘겨주고 본인은 자기 자신에게 더욱 집중할 수 있습니다.

사실 말이 쉽지 실제로 조직 내부에서 중요한 역할이나 지위에 있으면 그 자리에 집착할 수밖에 없습니다. 하지만 냉정하게 생각해보세요. 누구나 그 자리에 영원히 머물 수는 없습니다.

정년퇴직으로 조직을 떠나야 할 때가 오면 그 자리에서 물러나야 합니다. 이때 조직 내에서 오로지 한 자리만 고수했던 사람이라면

머무는 것을 관둬라

퇴직하자마자 자신의 자리는 사라지는 것입니다.

그러므로 한 자리만 고수하지 말고 후배 직원에게 바통 터치하면서 새로운 자신을 계속해서 찾아 나서야 합니다. 이런 자세야말로 긍정적이고 내실 있는 삶을 위한 조건이라고 생각합니다.

기존의 자리를 사수하는 것보다 지금의 자신을 업그레이드하면서 항상 새로운 분야를 추구해 나가는 자세가 중요합니다.

♡ 지키는 용기 아흔둘 ♡
오래된 자신의 자리를 내어주고 내일을 위한 새로운 자리를 확보하라

THINKING,
FAST AND SLOW
DANIEL
KAHNEMAN
THE STARTUP WAY
ERIC
Tiny Changes, Remarkable Results
Atomic
PHIL KNIGHT

'타인의 무책임한 평가에 휘둘리지 않는다'는 신념은 매우 중요합니다

093

MZ들과 무리하게

직장에서든 사적인 자리에서든 젊은 세대와 함께 있으면 세대 차이를 느낍니다. 이는 당연한 일입니다. 그런데 간혹 도가 지나칠 정도로 젊은 세대를 이해한다는 모습을 보이려고 애쓰는 사람이 있습니다. 마치 세대 차이를 전혀 느낄 수 없다는 듯 행동하는 것이지요.

만일 이런 행동이 본심에서 우러나온 것이라면 아무 문제 없지만 자신을 속이는 것이라면 당장 그만두는 것이 좋습니다. 젊은 세대와 같은 입장에 서려고 애쓰지 않아도 됩니다.

물론 시대 변화와 함께 가치관이 바뀌므로 윤리 도덕적인 측면에서 달라져야 하는 부분도 있습니다. 기술적인 측면에서도 보다 효율적인 업무 처리를 위해서 필요하다면 적극적으로 새로운 기술을 배우고 대응해 나가야 합니다. 그런데 이것 외에 불필요한 부분까지 무리해서 시대 흐름에 쫓아가려고 애쓰는 것은 관두는 편이 좋습니다.

무리해서 젊은 세대와 잘 지낼 필요도 없습니다. 그렇다고 '젊은

어울리는 것을 관둬라

세대와 대립하라'는 뜻이 아닙니다. '자기 본심과 다른데 무리해서 맞추려고 애쓰지 않아도 된다'는 것입니다.

당신이 지금까지 살면서 지켜온 삶의 방식이나 가치관, 라이프 스타일 등을 부정하지 말고 젊은 세대와 다른 점을 받아들이면서 소통하면 됩니다.

이와 마찬가지로 젊은 세대의 가치관도 부정하지 말고 존중해야겠지요? 나라가 다르면 문화가 다르듯 세대마다 각자 다른 문화가 있는 것이니까요.

♡ 지키는 용기 아흔셋 ♡
젊은 세대와 소통을 위한 노력은 하되, 자신만의 뚜렷한 관점은 고수하라

094

'싫으니까 협조하지 않는다'는

대인 관계에서 우리는 '상대방은 바꿀 수 없다'라는 대전제를 항상 고려해야 합니다. 그래서 저는 대하기 어렵거나 싫은 사람의 행동에 대해서 고민하는 것은 쓸데없는 일이라고 생각합니다. 고민해서 상대방의 문제적 행동이나 태도가 바뀐다면 좋겠지만 상대방은 절대로 바뀌지 않습니다. 고민하는 시간만 낭비이고 아무런 의미가 없습니다.

다만 한 가지, 아무리 대하기 어렵고 싫은 사람일지라도 만일 협조를 구해온다면 마음을 열고 도와주는 것이 좋습니다. 상대방을 위한다기보다 자신을 위해서 그렇습니다.

예를 들어 평소에 꼴도 보기 싫은 사람이 어떤 일로 협조를 구하러 왔다고 상상해 보세요. 냉정하게 거절해서 그 사람을 돌려보내는 자신의 모습과 넓은 아량으로 그 사람을 도와주는 자신의 모습을 떠올려 보세요. 어느 쪽이 흐뭇하고 기분이 좋습니까?

설령 얄밉고 싫은 사람일지라도 넓은 마음으로 후자처럼 행동하는 자신의 모습이 다른 사람이 보기에도 좋고 본인도 만족스럽지 않은가요? 협조하는 선한 모습이 훨씬 더 매력적으로 보이기 때문일 것입니다.

생각을 버려라

매력적이고 예의 바른 자신의 모습이 정신적인 측면에서도 훨씬 좋고 상대방에게 협조하면 상대방을 적으로 돌리는 일도 생기지 않습니다.

일이 너무 바쁘고 형편상 어쩔 수 없이 거절했음에도 불구하고 상대방은 당신에게 악의나 적의를 품을지도 모릅니다. 이런 상황을 피한다는 의미에서도 협조하는 편이 낫습니다.

얄밉고 싫은 사람의 부탁을 거절해서 그 사람이 곤란에 처한 모습을 목격했을 때 속은 후련할지 몰라도 이는 일시적일 뿐입니다.

또한 상대방에게 협조한 경우라도 그에 대한 보답은 기대하지 않는 것이 좋습니다. 대인관계에서 '상대방에게 기대하지 않기로 한다'가 중요 포인트입니다.

♡ 지키는 용기 아흔넷 ♡
얄미운 동료라도 기분 좋게 협조해서 원활한 사회 생활을 고수하라

095

감정에 휘둘려

'인간은 감정의 동물'이라는 말은 '인간의 행동은 감정의 영향을 많이 받는다'는 의미입니다. 머리(이성)로는 'A의 길을 가야 하는 것이 정답'인 것을 아는 상황이라도 감정이 'A가 아니라 B의 길을 가고 싶다'라고 하면 무심코 감정이 이끄는 길을 따르게 되는 것이지요.

감정에 따른 결과가 매번 좋으면 아무 문제 없겠지만 그렇지 않은 것이 늘 골칫거리를 만듭니다.
인간의 감정은 '보고 싶지 않다'는 마음이 들면 보지 않는 경향이 강해서 중요한 요소를 놓치기 쉽습니다. 이로 인해서 나쁜 결과를 초래하는 경우도 많지요. 이런 이유에서 어떤 판단을 내려야 할 때는 감정을 우선해서는 안 됩니다.

자신의 싫고 좋음, 즉 취향을 우선해서 판단하는 사람도 있는데 이역시 삼가야 합니다. 그날 입을 옷이나 점심 메뉴를 정하는 정도의 일이라면 자신의 취향에 맞춰서 결정해도 상관없지만 가령 취직할 회사를 결정할 때 자신의 취향을 우선해서 판단하는 것은 피해야 합니다. 회사, 업무 내용 등이 마음에 드는 것도 중요하지만 급여나 복지, 회사의 장래성 등도 판단 기준으로 냉정하게 생각해야

판단하지 마라

합니다.

판단을 내릴 때는 명확한 근거를 따라야 합니다. 감정이나 취향을 따른 판단은 흔들리기 쉽지만 명확한 근거에 따른 판단은 확고한 결론을 도출할 수 있습니다.

또한 중요한 사안이나 문제는 충분한 시간을 갖고 판단해야 합니다. 속전속결은 절대 추천하지 않습니다. 속전속결은 감정에 휘둘릴 위험성이 높으므로 신뢰할 수 있는 정보를 충분히 수집한 후에 판단해서 결론을 내려야 합니다.

♡ 지키는 용기 아흔다섯 ♡
감정에 휘둘리지 말고 합리적인 판단을 고수하라

저는 이 책에서 여러 가지를 '버리고 정리하고 관두라'고 말하고 있습니다. 이 중에서 가장 버리기 어렵지만 일단 버리고 나면 멋진 인생이 펼쳐지는 것이 있습니다. 바로 앞에서 언급했던 '자존심'입니다.

자신이 자신을 직접 평가해서 나온 자존심, 즉 '자신감'이라면 괜찮지만 남의 평가에 근거한 자존심은 위험합니다. 이런 비뚤어진 자존심이 생기면 타인의 시선을 너무 의식한 나머지 '주변 사람이 나를 이렇게 봐줬으면 좋겠다'는 생각에 결국 자신에게 가장 소중한 것을 놓치는 우를 범할 수 있습니다. 이렇게 비뚤어진 자존심은 인생을 망친다고 해도 과언이 아닙니다.

'남에게 자신이 더 잘 보이고 싶다'는 생각에 타인을 객관적으로 정당하게 평가하기도 어려워집니다. 인간에게는 시기와 질투의 감정이 있는데 이런 감정에 집착하면 '나보다 왜 저 사람이 더 좋은 평가를 받는 거지?' 하는 감정이 강해집니다.

시기와 질투가 가득 차면 스트레스가 쌓이고 결국 삶이 피폐해짐니다. 이렇게 되면 자신의 진짜 실력을 발휘할 수 없고 질투의 대상과 격차는 더욱 크게 벌어집니다. 만일 어떤 사람이 부럽고 질투심이 생긴다면 일부러 그 사람을 칭찬해 보세요. 입으로 내뱉지 않아도 괜찮습니다. 마음속으로 칭찬해 보세요.

만일 칭찬할 만한 것을 찾을 수 없다면 '험담, 불평 등 부정적인 말을 하지 않겠다'는 것만으로도 좋습니다. '저 녀석은 별거 없어!'라고 험담하면 자신의 마음속 시기와 질투만 더욱 강해질 뿐입니다. 험담을 하지 않는 것만으로도 질투심의 강도를 낮출 수 있습니다.

♡ 지키는 용기 아흔여섯 ♡
시기와 질투의 감정이 올라온다면 칭찬으로 마음의 평정을 지켜라

타인의 빛을 인정할 때,

내 안의 빛도 더욱 선명해진다

비교의 그늘에서 벗어나,

진정한 나만의 길을 걸어가라!

097

아무 목적도 없는

저는 다른 사람과의 관계를 재점검하는 과정에서 버린 습관 중 하나가 바로 '회식 습관'입니다. 젊은 시절에는 '회식 자리에 나가면 뭔가 얻는 게 있을 것이다'라는 생각에 거절하지 않고 열심히 나갔습니다. 하지만 지금은 초대를 받아도 다 참석하지 않습니다.

특히 참여 인원이 많고 모이는 이유가 뚜렷하지 않은 회식 자리는 피합니다. 그 이유는 나가도 딱히 얻을 것이 없고 스트레스만 받기 때문입니다. 스트레스를 받을 바에야 집에서 식은 밥이라도 혼자 먹는 편이 낫다고 생각합니다.

'직장 회식 자리는 썩 내키지 않아도 거절하기 어려워서 나간다'라고 말하는 사람도 많은데 만일 '사무실이 아닌 곳에서 편하게 대화할 수 있어서 인간관계가 좋아진다', '붙임성 없는 사람처럼 보이고 싶지 않다' 등 참석하는 목적이 뚜렷하다면 괜찮습니다.

제가 문제시하는 것은 '참석하는 목적이 명확하지 않은 회식 자리'입니다. 가뜩이나 나가고 싶지 않은데 만일 참석하는 목적까지 뚜렷하지 않다면 스트레스만 받을 뿐입니다.

모임을 버려라

회식 자리에 나가는 목적을 생각해 보고 참석 여부를 결정하세요. '이런 목적이라면 참석한다, 안 한다'는 식으로 자기 나름의 명확한 기준을 만드는 것입니다.

참석 여부의 기준에는 앞에서 언급했던 것 외에 '그 자리가 즐거울지 아닐지', '동석하는 상대방의 눈치를 봐야 하는지 아닌지' 등도 있을 것입니다.
'즐거울 것 같으면 나간다'와 같이 사소한 것도 괜찮습니다. 본인이 납득할 명확한 기준으로 참석 여부를 결정하면 스트레스를 받지 않을 것입니다.

♡ 지키는 용기 아흔일곱 ♡
자신만의 회식 기준을 세우고 지켜라

098

잉꼬부부에 대한

인간관계에는 다양한 사람과의 얽힘, 어떤 조직이나 단체에 의한 속박, 굴레 등이 있습니다. 그중에서도 가장 의미가 큰 것은 가족과 일에 관련된 것입니다. 가까운 존재이기에 가족 간의 인간관계에 어려움을 느끼는 사람도 많습니다.

부부 또한 원래 남남이었던 두 사람이 만나서 가족이 된 것이기에 독특한 어려움이 존재합니다.

부부 관계가 고민이 될 때 '연애할 때처럼 서로 좋아서 어쩔 줄 몰랐던 관계로 돌아가면 행복하지 않을까?' 하고 생각하는 사람이 있는데 저는 연인과 같은 부부 관계는 이상적이지 않다고 봅니다.

남편과 아내, 즉 부부가 함께 있을 때는 마음이 편안하고 안정된 상태여야 생활이 가능합니다. 반면, 연인처럼 늘 설레고 긴장된 관계라면 교감신경이 과도하게 활성화되어 편안한 휴식과는 거리가 먼 흥분 상태에 놓이게 됩니다. 이렇게 되면 퇴근 후 집에서 함께 시간을 보내더라도 진정한 의미에서의 휴식을 취하기 어렵습니다. 또한 교감신경이 높게 항진되면 수면의 질이 떨어지고 일상의 업무에도 문제가 될 수 있습니다.

좋은 컨디션으로 생활하길 바란다면 이상적인 부부 관계는 서로 어떤 상태에 있든 마음이 안정되고 편히 쉴 수 있는 관계여야 합니다. 다만 이는 어디까지나 이상理想입니다.

다른 인간관계와 마찬가지로 이상적인 것이 그대로 실현되리라는 보장은 없습니다. '우리는 이상적인 부부가 아니다'라며 고민하기보다 적정한 선에서 타협점을 찾아보세요. 부부 나름의 타협점을 찾으면 가정에 평화와 안정이 찾아올 것입니다.

♡ 지키는 용기 아흔여덟 ♡
이상적인 관계만 추구하지 말고 부부간의 적당한 타협점을 지켜라

099

모든 책임을

팀 프로젝트를 진행할 때 팀원 중 한 명의 실수로 프로젝트를 망치는 경우가 종종 발생합니다. 이때 모든 책임을 실수한 그 사람에게 지우는 것은 팀원 전체에게 좋지 않습니다.

이어달리기 경기로 바꾸어 생각해 봅시다. 이어달리기는 팀 스포츠로 여러 명의 구성원이 릴레이 형식으로 장거리를 뛰는 경기입니다. 한 명의 힘으로는 절대 이길 수 없고, 구성원 중 누군가 컨디션이 나쁘면 좋은 성적을 거두기 어렵습니다.

만약 출발부터 계속 1위 자리를 잘 지켜오다가 마지막 주자의 컨디션 악화로 다른 팀에게 역전을 당해 하위권으로 밀려났다고 합시다. 이때 경기 결과에 대한 책임은 누구에게 있다고 생각합니까? 마지막 주자에게 책임이 있다는 의견이 우세할 것 같은데 과연 그럴까요?

마지막 주자의 컨디션 악화를 미처 간파하지 못한 다른 구성원이나 자신의 컨디션을 솔직하게 말하지 못하는 팀 내 분위기 그리고 이를 관리하지 못한 감독에게도 책임이 있지 않을까요?

한 명에게 지우는 것을 관둬라

여기서 중요한 것은 한 사람에게 책임을 지우는 것은 팀원 전체에게 아무런 이득이 없다는 사실입니다.

한 명에게 모든 책임을 지우는 체제라면 팀원은 '실수하면 안 된다'는 과도한 압박감에 자신의 능력을 충분히 발휘하지 못할 것입니다. 이래서는 팀 전체의 성적에도 악영향을 미칠 게 뻔합니다.

팀을 이끌며 프로젝트를 준비하는 리더는 팀원 한 명 한 명에게 "실수해도, 실패해도 괜찮다. 네 책임이 아니니 과감하게 행동했으면 좋겠다"라며 사기를 북돋아 줘야 합니다.

이렇게 하면 팀원 누구 하나 위축되는 일 없이 자신의 능력을 유감없이 발휘할 것이고, 좋은 결과는 덤으로 따라올 것입니다.

♡ 지키는 용기 아흔아홉 ♡
팀원이 실패해도 팀 내 사기는 반드시 확보하라

중요한 것은 어떤 고민이나 문제를 해결할 때 '정의가 없는 쪽을 선택하지 않기로 한다'입니다.

가령 'A를 선택할 것인가?', 'B를 선택할 것인가?' 하는 양자택일의 상황에 놓였다고 합시다.

정답을 끌어낼 때 '인간으로서 지켜야 할 정의가 없는 쪽'을 택하면 나중에 나쁜 일이 일어날 가능성이 높아집니다.

만일 회사에서 집단 따돌림의 현장을 여러 번 목격했다고 합시다. 후배 직원이 선배 직원에게 피해를 입은 것인데 이 사실을 알았을 때 이를 묵인할 것인지 아니면 공개할 것인지 고민에 빠지게 됩니다.

자신을 보호하기 위해 보고도 못 본 척할 수도 있고, 용기를 내어 선배 직원에게 주의를 주거나 상사에게 보고할 수도 있습니다.

이때 당신은 어느 쪽을 선택할 것입니까? 또한 정의 있는 선택은 어느 쪽일까요?

당연히 후자일 것입니다. 만일 정의가 없는 쪽, 즉 보고도 못 본 척을 한다면 양심의 가책을 느끼거나 죄책감으로 떳떳하지 못할 것입니다.

버려라

고민 끝에 답을 끌어낼 때 "내가 정의를 따르고 있는가?", "부끄럽지 않은 떳떳한 선택을 하고 있는가?" 하고 스스로에게 물어보세요.

'정의가 없는 쪽을 선택하지 않기로 한다'는 이점이 많습니다. 정의가 없는 쪽을 택하는 경우는 '이득을 얻고 싶다'는 욕심과 '상대방을 깎아내리고 싶다'는 이기심이 얽힌 선택입니다.

이런 욕심과 이기심에 사로잡힌 정신 상태는 건강하지 않으며, 결국 좋은 성과를 내기도 어렵습니다.

'나는 인간으로서 올바른 일을 하고 있다'는 자신감이 심신에 안정을 가져다주고 보다 좋은 결과로 이끄는 법입니다.

♡ 지키는 용기 백 ♡

떳떳한 선택을 하고 최상의 컨디션을 유지하라

—　대하기 어렵거나 꺼려지는 사람은 '대하는 방법'을 고민
　　하기보다 메일이나 전화, 채팅 앱을 활용해서 연락하거
　　나 회식 자리에 동석하지 않는 등 '만나는 시간'을 물리적
　　으로 줄이는 것이 효과적입니다.

—　남에게 큰 기대를 걸면 자율신경의 균형이 깨질 수 있습니
　　다. 배신당했을 때 받는 스트레스를 줄이려면 미리 '남에
　　게 기대하지 않기로 한다'라고 마음먹는 것이 좋습니다.

—　주변 분위기를 살피는 행동이 버릇으로 굳어버리면 타
　　인의 평가를 쫓는 '타인 위주의 삶'을 살 수밖에 없습니
　　다. 남의 시선을 과하게 의식하지 말고 '자기중심의 삶'
　　을 사세요.

—　자신의 자리를 사수하려고 애쓰지 말고 적극적으로 후
　　진에게 양보하고 자신을 위한 새로운 자리와 새로운 인
　　생을 시작하세요.

—　중요한 선택을 해야 할 때는 감정에 휘둘려서 속단해서는
　　절대 안 됩니다. 신뢰할 수 있는 명확한 근거를 바탕으로
　　충분한 시간을 두고 심사숙고한 후에 결단을 내리세요.

버리는 용기 100

펴낸날 2025년 3월 20일 1판 1쇄

지은이 고바야시 히로유키
옮긴이 이지현
펴낸이 김영선, 김대수
편집주간 이교숙
책임교정 정아영
교정·교열 나지원, 이라야, 남은영
경영지원 최은정
디자인 검정글씨 민희라
마케팅 신용천

펴낸곳 더페이지
주소 경기도 고양시 덕양구 청초로 10 GL 메트로시티한강 A동 20층 A1-2002호
전화 (02) 323-7234
팩스 (02) 323-0253
홈페이지 www.mfbook.co.kr
출판등록번호 제 2-2767호

값 18,800원
ISBN 979-11-94156-13-0(03190)

더페이지와 함께 새로운 문화를 선도할 참신한 원고를 기다립니다.
이메일 dhhard@naver.com (원고 투고)